삼성과 의료민영화

 세월호 사고로 희생되신 분들의 명복을 빕니다.

이 책의 발간을 위해 북펀딩에 참여해 주신 분들입니다.
김미정, 김종필, 박재만, 박찬호, 백재중, 정선화

삼성과 의료민영화

초판 1쇄 발행 2014년 10월 30일

지은이 백재중
펴낸이 백재중
디자인 페이퍼제이_ 김지은
펴낸곳 건강미디어협동조합

등록 2014년 3월 7일 제2014-23호
주소 서울시 광진구 동일로 18길 118
전화 010-4749-4511
팩스 02-6974-1026
전자우편 healthmediacoop@gmail.com

값 12,000원

삼성의 헬스케어사업 대해부

삼성과 의료 민영화

백재중 지음

여는 글

　지난 4월 세월호 참사는 우리를 깊은 수렁으로 빠트렸습니다. 온 국민이
심리적 공황 상태에서 허우적거렸습니다. 한동안 명한 상태가 지속되었고
일이 손에 잡히지 않았습니다. 우리가 새로운 세대에게 죄를 짓고 있다는 죄
책감도 몰려 왔습니다.

　우리가 살아가고 있는 사회 자체가 세월호일 수 있다는 두려움도 들었습
니다. 세월호처럼 비틀거리다 어느 순간 확 가라앉을지도 모르는...

　침몰의 원인과 부실한 구조 과정을 철저하게 밝히는 일은 새로운 재난을
예방하는 출발점입니다. 동시에 우리 사회 곳곳에 잠재되어 있는 위험 요인
들을 밝히고 미리 대책을 강구하는 일은 또 다른 참사를 막기 위해 절대적으
로 필요한 작업입니다.

　사회의 운영 시스템이나 관리체계에 대한 전반적인 재검토가 필요한 때
인 것 같습니다. 자본의 이윤에 종속되고 관행과 편의에 의지하는 한 우리의
생명과 안전은 담보할 수 없습니다.

　세월호 참사 와중에도 정부는 의료민영화 관련 정책들을 내놓았습니다.
정부가 추진하고 있는 일련의 의료민영화 정책들이 완결되면 우리 사회는
'눈에 보이지 않는' 참사가 일상화되는 나라로 전락할 가능성이 높습니다.
눈에 잘 보이지 않기 때문에 더 무섭습니다.

의료민영화와 관련된 내용들에 대해 자료를 모으고 정리해서 이 책을 펴냈습니다. 특히 삼성과 관련된 부분들을 중점적으로 다루었습니다. 왜 하필 삼성이냐고 질문할 수도 있습니다만 그래도 삼성을 얘기해야 하는 이유는 의료민영화가 삼성의 이해관계와 맞물려 있고 삼성이 정책 결정에도 지대한 영향력을 발휘하고 있다고 판단되기 때문입니다. 그 내막을 좀 더 상세하게 밝히는 것이 의료민영화의 전체적인 모습을 바라보는데 도움을 줄 수 있다고 봅니다.

이 책에서는 삼성의 두뇌라고 할 수 있는 삼성경제연구소가 그간 보건, 의료, 헬스케어 분야에 대해 조사·연구하여 발표한 많은 보고서들을 검토했습니다. 대부분 기업 또는 산업의 입장에서 기술한 것들입니다. 의료민영화의 기본 골격을 구성하는 내용들입니다. 그리고 삼성이 진행하고 있는 헬스케어 분야 사업 현황에 대해서도 조사했습니다. 삼성은 우리가 잘 모르는 사이에 이 분야에 막대한 투자를 진행하면서 미래 먹거리 창출을 준비해 왔습니다. 다음으로 정부의 의료민영화 정책 추진 과정에 삼성이 긴밀하게 관계하고 있음을 밝히고자 했습니다.

의료민영화 정책은 국민의 건강과 안전을 지키기 위해 추진하고 있는 게 아닙니다. 기업에 동화된 정부가 기업의 먹거리를 국가의 먹거리, 국민의 먹거리로 동일시하면서 생명과 안전을 담보로 벌이는 도박입니다. 아니 도박은 조금이라도 승산이 있지만 이건 그냥 기업 퍼주기, 재벌 퍼주기입니다.

의료민영화는 중단되어야 합니다. 국민의 건강과 안전을 지킬 수 있는 제대로 된 보건·의료·헬스케어 시스템을 구축해서 '조용한' 참사를 막아야 합니다. 의료 분야에서 공공성 회복을 위한 운동이 필요한 이유입니다.

그동안 의료민영화를 막기 위해 정말 많은 분들이 헌신적으로 노력해 왔습니다. 저는 의료민영화 저지를 위한 싸움의 일선에서 같이 한 사람이 아니어서 한동안 글쓰기에 대해 망설였습니다. 그래도 누군가는 한번 짚고 넘어가야 할 내용이어서 용기를 내기로 했습니다. 의료민영화를 바라보는 시야를 넓히는데 도움을 줄 수 있지 않겠냐고 스스로 위안을 해 봅니다.

부족한 원고를 읽고 의견을 내주신 김종명 선생님, 박찬호 선생님께 이 자리를 통해 감사를 드립니다. 그리고 항상 성원해 주시는 우리 건강미디어 협동조합 조합원 분들께도 감사를 드립니다.

2014년 10월
백재중

차례

제1장

삼성의
빛과 그늘

삼성은 우리 사회에서 이미 절대적 영향력을 발휘하는 존재가 되었다. 삼성의 움직임 하나하나가 관심의 대상이 되고 삼성전자의 주가에 따라 나라의 경제가 영향을 받기도 한다. 삼성의 결정은 다양한 방식으로 사회 · 경제적 파장을 일으키기도 한다.

최근에 의료민영화 논란이 커지면서 삼성의 이름이 등장하는 경우가 많아지고 의료민영화의 배후로 삼성을 지목하는 사람들이 늘면서 의료민영화와 삼성의 관계를 궁금해하는 사람도 많아졌다.

이 책에서 관심 갖고 살펴보고자 하는 것은 삼성의 의료 관련 사업 그리고 삼성과 의료민영화와의 관계에 관한 것이다. 삼성은 의료, 건강 분야에 대해 '헬스케어'라고 부르면서 오래전부터 이 분야를 미래의 먹거리로 삼고 투자를 진행해 오고 있다. 헬스케어 분야에 대한 삼성의 관심과 사업 진출로 인해 이 분야에 이미 많은 변화가 있었고 앞으로도 더 큰 변화가 예상된다.

그러한 변화가 국민의 건강과 의료제도에 긍정적인 반응을 불러온다면 우리 모두 찬사를 아끼지 않을 것이다. 그러나 삼성의 헬스케어 분야에 대한 관심이 높아질수록 많은 사람이 우려를 나타내는 것 또한 사실이다. 삼성의 헬스케어에 대한 관심과 투자가 의료민영화 논쟁과 맞물려 있기 때문이다.

다양한 이름으로 진행된 의료민영화 논쟁은 노무현 정부 시절부터 본격적으로 시작되어 이명박 정부, 박근혜 정부를 거치면서 확대 재생산되고 있다. 그리고 의료민영화 논쟁에서는 항상 삼성이 거명되었다. 의료민영화의 배후가 삼성이라는 주장도 나오고 있다. 삼성은 억울함을 호소하지만 의혹은 사라지지 않고 있다.

의료민영화의 시대

의료민영화를 의료산업화, 의료영리화, 의료사유화, 의료선진화 등 다양한 이름으로 부르고 있으나 본질은 동일하다. 의료민영화에는 의료라는 거대한 시장을 통해 큰 이익을 얻어 자기실현을 하려는 자본의 논리가 개입되어 있다. 이러한 자본개입이 국민건강을 얼마나 망가트릴 수 있는지에 대해 진지하게 고민하지 않는 정부 관료들이 이를 추진하고 있다.

의료민영화 논란이 대두되기 시작한 것은 노무현 정부 때이고, 국민들이 의료민영화에 본격적으로 반대 의견을 표시하기 시작한 것은 이명박 정부 초기 광우병 사태에서 시작된 촛불시위 때였다.

박근혜 정부 들어서도 의료민영화 논란은 줄어들기는커녕 오히려 더 확산되고 있다. 메디텔, 영리자회사, 원격진료 등 박근혜 정부에서 추진하는 정책들이 모두 의료민영화 논란에 휩싸이고 있다. 의료민영화라고 비판받는 정책들을 추진해 나가는 정부의 정책 동력은 과연 무엇인가? 의료민영화 정책이 국민건강의 향상과는 무관하고 오히려 국민건강에 치명적 문제를 야기할 수도 있다는 비판에 대해 정부는 과연 뭐라고 답할 수 있을까?

의료민영화와 삼성배후론

의료민영화의 배후는 삼성이라는 것이 '삼성배후론'의 핵심이다. 시민사회단체들은 오래전부터 의료민영화의 배후에 삼성이 있다고 비판해 왔다. 그러나 헬스케어 관련 사업은 중요한 성장 동력 중 하나라는 주류 언론의 영향력에 가려 별다른 관심을 끌지 못했다. 최근에 뉴스타파 등 대안언론들이 삼성배후론에 관심을 갖고 취재 기사를 내보내고, 한겨레신문에도 원격의료와 관련해 삼성을 배후로 지목하는 칼럼이 등장했다.

한겨레신문 김의겸 논설위원은 2014년 3월 7일자 칼럼에서 정부가 주장하는 의료민영화 정책의 하나로 비판받는 원격의료의 배후에 삼성이 있다면서 이건희 회장의 생각이 박근혜 대통령의 입을 빌려 현실화되고 있으며, 공무원들이 월급은 나라에서 받으면서 충성은 삼성에 바치는 게 아닌가 싶다고 이야기했다.[1]

삼성그룹은 이에 대한 반박문을 블로그에 공식적으로 게시했다. 유헬스에 관한 삼성경제연구소의 보고서는 연구소가 내는 수많은 보고서 중 극히 일부에 지나지 않으며, 유헬스에 대해서는 이전부터 여러 다른 기관에서 연구를 진행해 왔다는 점을 언급하고, 삼성그룹이 1980년대부터 GE와 합작하여 헬스케어 분야 사업을 해 왔다는 점을 강조하면서, 최근에 선보인 기어 피트가 원격의료와 관련 있다는 주장에 대해서는 세계적인 트렌드일 뿐이며 인류 건강증진에 공헌할 수 있는 혁신적인 제품이라는 주장을 펴고 있다.[2]

---

1) 김의겸, '박근혜와 이건희 누가 더 셀까?', 한겨레신문, 2014. 3. 7.

언론사의 칼럼과 삼성의 블로그라는 형식을 빌려 표출된 의료민영화의 삼성배후론 논쟁은 이전부터 끊임없이 제기되어 온 문제이다. 중앙 언론사에서 공개적으로 삼성배후론을 밝힌 것은 드문 일이지만 시민사회단체들, 대안언론들, 그리고 SNS 등에서는 자주 접하는 이슈였다.

이에 대해 '아마도 그럴 것이다.'라는 의견과 삼성의 영향력이 크기 때문에 발생하는 오해라는 의견이 있다. 의료민영화 정책이 계속되는 한 의료민영화의 삼성배후론은 쉽게 사라지지 않을 태세이다.

왜 삼성을 이야기하는가

삼성이 의료 분야 또는 헬스케어 분야에 관심이 없다든가 관심이 있어도 적극적으로 사업을 시작하지 않았다면 삼성배후론이 등장하지 않았을 것이다. 그러나 삼성은 이 분야에 대해 지대한 관심을 갖고 있고 삼성그룹 차원에서 집중적인 투자를 하고 있으며 향후 유력한 미래 성장 산업으로 헬스케어 분야를 지목하고 있다. 무엇보다도 삼성은 선택과 집중의 슬로건을 강조해 왔는데, 그런 삼성이 헬스케어 분야를 '선택하고 집중'하고 있는 건 명백한 사실이다.

삼성은 자신이 '선택하고 집중'하는 분야의 사업을 성공시키기 위해 자신이 가지고 있는 영향력을 최대한 활용해 왔다. 그랬기 때문에 삼성은 자신이

---

2) 삼성이야기, 「한겨레의 원격의료 삼성 배후 의혹에 대해 설명드립니다」, 삼성그룹 블로그(http://blog.samsung.com/4528/).

하고자 하는 사업에 유리한 정책 환경을 만들려고 할 것이고 실제 가능성도 높아 보인다. 이미 상당 부분 성공한 것으로 보인다.

삼성은 그동안의 투자를 통해 헬스케어 관련 전 분야에 대한 기본적인 인프라를 구축해 왔다. 일반인들이 알고 있는 것 이상으로 삼성은 헬스케어 분야에 광범위하게 진출해 있다. 전자업체로 널리 알려진 삼성이 이미 헬스케어 분야의 막강한 실력자로 성장해 있다는 뜻이다. 삼성이 헬스케어 분야에 진출한 것은 우연한 일도 아니고 단발적인 것도 아니다. 삼성그룹 차원에서 장기 전략을 갖고 체계적으로 움직이지만 단지 드러나지 않을 뿐이다.

삼성의 능력은 이미 전자 산업을 통해 검증받은 바 있어, 헬스케어 분야에서도 이러한 능력을 발휘할 가능성이 높다. 삼성은 전자 분야에서 정체된 성장의 활로를 헬스케어 분야의 성공에서 찾으려고 한다.

문제는 헬스케어 분야에서 삼성이 성공하는 것이 국민들에게는 축복이 아닌 재앙이 될 가능성이 높다는 사실이다. 삼성은 의료와 헬스케어에 대한 삼성의 투자가 고령화에 따른 의료비의 폭발적 증가를 과학기술 발전에 힘입어 의료비 지출을 줄이는 데 기여할 것이라는 명분을 내세우나, 전문가들은 그렇지 않다고 주장하기도 한다.

삼성은 억울해할 수도 있다. 사실 삼성만 이 분야에 투자하는 것도 아니다. 많은 대기업이 오래전부터 이 분야에 관심을 갖고 투자를 해 왔고, 최근에는 관심이 더 고조되고 있다. 심지어 서울대학병원을 비롯한 국립병원들조차 공공성에 대한 책임을 망각하고 상업화의 분위기에 휩쓸리고 있는 게 현실이다.

그래도 삼성을 콕 집어 언급할 수밖에 없는 이유가 있다. 우리 경제에서 삼성이 차지하는 비중이 너무 크기 때문에 그만큼 삼성의 움직임은 우리 경제와 사회에 미치는 영향이 막대할 수밖에 없다. 헬스케어에 대한 삼성의 관심은 다른 대기업들에 비교할 수준이 아니다. 삼성그룹 전체가 전방위적으로 헬스케어 분야에 대한 사업을 진행하고 있어서 이 분야의 성패는 삼성의 미래에도 크게 영향을 미칠 수밖에 없다. 삼성의 입장에서 보면 그룹의 사활을 걸 만큼 중요한 사안일 수도 있다는 말이다. 그리고 우리 사회에서 삼성이 갖고 있는 지배적 영향력이 과도하여 삼성이라는 기업의 사업 목표가 국가의 목표와 동일시될 가능성이 높다는 점도 우려되는 부분이다.

삼성의 빛과 그늘

삼성그룹은 2013년 결산 기준으로 계열사가 74개이고 전체 자산 규모가 331조 4천억 원으로 전체 대기업 집단 가운데 자산 규모 1위이다. 2012년의 306조 920억 원보다 8.3%가 증가한 액수이다.[3] 2013년 우리나라 한 해 예산 342조 5천억 원에 버금가는 액수여서 삼성공화국이라는 말이 빈말이 아님을 알 수 있다. 삼성이 곧 대한민국이고 대한민국이 곧 삼성이라는 말이 농담같이 느껴지지 않는다. 사람들은 삼성을 우리나라의 경제계를 대표하는 국가 대표로 생각하고, 삼성의 실적에 울고 웃는다. 외국에 나갔을 때 삼성을 비롯해 우리나라 대기업의 입간판이 보이면 뿌듯함을 느끼기도 하고 외

---

3) 이지헌, 삼성·현대차그룹 순익, 63개 대기업 집단의 76% 차지, 연합뉴스, 2014. 4. 1.

국에서 나라의 경제를 위해 고군분투하는 기업인들의 애로를 생각해 보기도 한다. 아는 사람이 삼성에 취직하면 축하해 주고, 삼성이 연말에 직원들에게 보너스를 뿌릴 때면 내심 부러워한다. 대학생을 대상으로 한 조사에서 가장 존경하는 기업인은 삼성 이건희 회장이었고 취직하고 싶은 회사도 삼성이었다. 삼성의 신경영, 인재경영, 기술경영, 속도경영은 경영학의 연구 대상이 되었고 벤치마킹의 대상이 되었다. 이건희 회장의 인생여정과 경영 철학에 관해 많은 책이 쏟아져 나왔고 베스트셀러가 되곤 했다.

그러나 삼성의 그늘도 깊다. 삼성자동차의 실패, 삼성 X파일, 삼성특검, 황제경영, 무노조경영, 삼성백혈병 불인정, 편법·불법 상속 등 화려함에 가려진 삼성의 그늘 때문에 우리는 삼성에 아낌없는 박수를 보낼 수가 없다.

삼성을 칭찬하고 부러워하면서도 삼성에 손가락질하는 사람이 많아졌다. 스스로 자초한 일이기도 하다. 삼성 X파일이 공개된 이후 한 계간지에서 특집으로 다루면서 '삼성공화국'이라는 표현을 사용했다고 한다. 그러나 공화국이라는 용어의 과분함을 지적하는 사람도 있다. 김용철 변호사는 이건희 제국이라는 용어를 사용했다. 공화국보다 제국이라는 용어가 더 잘 어울린다는 의미일 것이다. 어떤 사람은 '삼성군주국'이라고도 한다. 노무현 대통령이 '권력은 시장에 넘어갔다.'고 했을 때 그 시장이 다름 아닌 삼성이라는 이야기도 있다.

이건희 회장의 인재경영, 기술경영의 찬사 뒤에는 늘 황제경영이라는 비판이 따르고 사회적 책임경영, 준법경영은 찾을 길이 없다. 국민 기업이라는 허울의 이면에는 무노조경영이라는 시대착오가 도사리고 있기도 하다.

삼성의 무노조 경영은 삼성SDI 노동자 위치 추적 사건이라는 불법을 낳았고, 인류의 건강을 위해 헬스케어사업에 투자한다는 명분은 삼성반도체 백혈병에 이르면 빛이 바랜다. 에버랜드 전환사채 발행은 이재용 승계 작업을 위해 저지른 꼼수였고, 태안반도 기름 유출 사건에서는 대기업의 무책임이 돋보인다. 삼성 X파일과 김용철의 폭로에 이르면 삼성이 범죄 집단처럼 보이기도 한다.

의료민영화 논쟁도 삼성의 그늘일 수밖에 없다. 삼성은 차세대 먹거리로 헬스케어 분야를 선택해서 집중적으로 투자하고 있다. 정상적인 기업 활동이랄 수도 있고 국가의 성장 동력 산업에 대한 투자로 보면 사회에 대한 기여랄 수도 있는데, 삼성이 이런 논쟁에 휘말리는 것은 반가울 리 없을 것이다. 그러나 의료민영화 문제는 기업 투자 활동이나 성장 동력 차원에만 국한된 문제가 아니다. 의료의 영역은 국민의 건강과 밀접하게 관련된 부분이어서 의료시스템이 잘못된 방향으로 변경될 경우 심각한 후유증을 낳을 수도 있기 때문이다. 다시 말해 사회의 어떤 영역보다도 공공성이 강조되어야 하는 부분이 바로 의료 분야이기 때문이다.

삼성의 역사

이병철 삼성 전 회장이 1938년 3월 대구에 설립한 삼성상회가 삼성그룹의 시작이다. 이 회장은 광복 후 서울로 무대를 옮겨 1948년 11월 삼성물산공사를 설립하고 본격적으로 무역업을 시작했다. 6·25 전쟁 중에 부산으로 피난 가서 설탕 공장을 세워 설탕을 생산하기 시작했고 이어서 제분공장,

모직공장을 설립했다. 박정희 정부 시절인 1964년 8월 한국비료공업주식회사(한국비료)를 설립하고 정부의 지원 아래 일본 차관을 들여와 울산에 비료공장을 짓기 시작했다. 공장이 거의 완성될 무렵인 1966년 9월 '한국비료 사카린 밀수사건'이 발생했다. 이 일 때문에 김두한의 국회 인분 투척 사건이 발생하기도 했다. 인분 사건 당일 이병철은 자진해서 한국비료를 국가에 헌납하고 경제계 은퇴를 선언했다가 나중에 다시 복귀했다.[4]

1969년에는 일본산요전기와 합작하여 삼성산요전기를 설립했다. 삼성전자는 창립 9년 만인 1978년 흑백 TV 2백만 대를 생산하여 연간 세계 최대 생산 기업이 되었으며, 1981년에는 흑백 TV 수출 실적 1천만 대를 돌파했다. 1987년 이건희가 삼성 회장에 취임하면서 전자 산업에 대한 투자를 강화하였고, 1992년에는 세계 최초로 64M D램 반도체 개발에 성공하면서 일본을 추월하기 시작했다.

1993년 6월 7일 프랑크푸르트에서의 '신경영' 선언을 계기로 삼성은 양보다 질을 강조하는 체질 개선에 매진했다. 1995년 3월 9일 삼성전자 구미 사업장에서 임직원 2천 명이 모인 가운데 '불량제품 화형식'을 가진 일은 상징적인 사건으로 회자되고 있다.

이건희는 자동차 사업에 대한 진출을 꿈꿔 기아자동차를 인수하려다 실패하고 1995년 일본 닛산자동차와 기술 제휴를 하여 자동차 회사를 설립했으나 외환위기의 파고를 넘지는 못했다. 자동차 사업의 파산 외에도 크고 작은 여러 가지 사업들이 실패로 끝났다.[5]

---

4) 한국비료는 국가에 헌납되었다가 1976년 증권거래소에 상장되었고, 1994년 공기업 민영화 과정을 거쳐 다시 삼성으로 돌아와 삼성정밀화학으로 이름을 바꾸었다.

2005년에는 '삼성 X파일'이 공개되었다. 1997년 9월 국가안전기획부에서 삼성전자 부회장 이학수와 중앙일보 회장 홍석현이 나눈 대화를 녹음한 파일인데 이건희의 지시로 삼성이 정관계 인사를 어떻게 관리했는지를 볼 수 있는 자료이다.

2007년 10월에는 김용철 전 삼성구조조정본부 법무팀장의 양심고백을 계기로 삼성 비자금 문제가 수면에 떠올랐다. 국회에서는 2007년 11월 23일 '삼성특검법'을 가결해 비자금 조성, 불법 경영권 승계, 전방위 로비 등의 의혹으로 특검 수사를 했으나 조세포탈 혐의로만 이 회장을 기소했다. 이후 이건희는 여론에 떠밀려 비자금 사건의 책임을 지고 2008년 4월 경영에서 손 떼고 퇴진한다고 선언했다. 그러나 2009년 12월 유례없는 단독 특별 사면을 받아, 다음 해에 경영 일선에 복귀하게 된다.

2014년 5월 이건희는 심근경색증에 의한 심장마비로 병상에 누웠고, 사실상 삼성그룹은 이재용 체제가 시작되었다.

삼성 이데올로기, 이건희 이데올로기

삼성의 성공을 애기할 때 빠지지 않고 등장하는 것이 '신경영'이다. 1993년 6월 독일 프랑크푸르트에서 선언한 신경영은 "마누라와 자식 빼고 다 바꿔라. 질 위주로 변화하라. 그것이 초일류 기업이 되는 길이다."로 대표된

---

5) 김용철 「삼성을 생각한다」, 사회평론, 2010.

다. 신경영은 양에 대한 집착에서 벗어나 질로 나아갈 것을 강조한다. 여기서 이건희의 '질경영'이 나왔다. 질경영이 지금의 삼성이 있게 한 원동력인지도 모르겠다. 질을 담보하기 위해서는 기술이 있어야 하므로 기술을 확보하기 위한 피나는 노력이 수반된다. 자체적으로 기술을 개발하거나 그러기 어려우면 기술을 갖고 있는 인재를 찾아서 영입을 해야 한다. 삼성은 기술과 인재를 확보하기 위해 엄청난 노력을 기울인다. 삼성그룹 사장단의 인사 고과에 인재영입과 관련한 항목이 있었다는 얘기는 이를 반증한다. 삼성이 '기술경영', '인재경영'을 얘기하는 이유이다. 삼성의 성공을 여기서 찾는 사람도 많다.

삼성의 인재 중시는 많은 기업에서 벤치마킹의 대상으로 삼기도 하였지만 강조가 지나쳐 "한 명의 천재가 만 명을 먹여 살린다."는 '천재경영'까지 등장하게 되었다. 오너 경영자 이건희의 결단에 따른 과단성 있고 빠른 결정은 '속도경영'으로 명명되었고 이는 전자 산업계의 치열한 경쟁에서 다른 기업들을 따돌리는 계기로 작용하기도 했다. 후발 주자로 시작해서 세계 전자업계를 제패한 삼성전자의 성공은 전설로 남게 되었고 이것은 '삼성 방식(Samsung Way)'을 배우고 따르자는 삼성 열풍을 불러일으켰다.

최근 삼성은 스마트폰의 성공으로 폭발적인 성장을 구가하였으나 시장의 정체로 한계에 봉착해 있다. 2014년 신년사에서 이건희가 "다시 한 번 바뀌어야 한다. 변화의 주도권을 잡기 위해서는 시장과 기술의 한계를 돌파해야 한다."고 강조했듯이 한계를 돌파하기 위한 '마하경영'이 등장했다.

이건희는 항상 일류를 추구했다. 일류만이 살아남을 수 있다는 기업인으로서의 본능적인 지향이었는지도 모른다. 이러한 '일류경영'은 삼성이 하면 다르다는 인식을 사람들에게 심어 주기에 충분했다.

이건희는 본인이 항상 위기를 의식하면서 살았던 것 같고 경영에서도 위기 상황을 강조했다. 5년 후, 10년 후를 고민했고 이를 극복할 방안들에 대해서도 밤을 새워 고민했던 것 같다.

지금의 삼성을 얘기할 때 이건희를 빼고 얘기하는 것은 불가능하다. 은둔의 경영자라는 별칭처럼 사무실에 출근도 하지 않는 회장이었고 수개월씩 외국에 나가 있는 경우도 많았지만 누구도 삼성에서 이건희의 영향력을 부정하지는 않는다. 오늘의 삼성을 만든 주인공이기 때문이다.

삼성에 대한 언론의 보도는 긍정적인 경우가 많다. 서점에서 팔리는 삼성과 이건희 관련 서적들은 대부분 삼성의 성공을 미화하고 이건희의 리더십을 절대화한다. 이런 책을 읽다 보면 이건희가 마치 세종 대왕처럼 보이기도 한다.

삼성 이데올로기, 이건희 이데올로기는 다양한 방식으로 생산·유포되고 있다. '삼성이 대한민국을 먹여 살리고 있다.', '삼성이 망하면 나라가 망한다.'는 믿음은 우리 사회에서 삼성이 차지하는 위상을 단적으로 보여 준다.

삼성의 경제력이 커지면서 국가 경제에서 삼성이 차지하는 비중이 높아지다 보니 삼성의 리스크가 바로 국가의 리스크로 넘어가게 된다. "정부나 다른 기업들이 못 하는 게 문제지, 삼성이 너무 잘나가는 게 문제냐?"라고 반문할지 모르지만, 너무 잘나가는 삼성이 사회에 대한 성찰과 소통을 게을리할 때 발생할 수 있는 부작용은 결코 무시할 수가 없는 부분이다.

삼성 이데올로기는 자연발생적인 부분도 있겠지만 '관리의 삼성'이라는 별칭에 걸맞게 삼성 자신이 적극적으로 관리해 온 부분도 크다. 삼성은 자신의 이미지 관리를 위해 회사별로 홍보팀을 두고, 그룹 차원에서는 미래전략실에 홍보팀을 두고 있다. 언론에 뿌리는 엄청난 광고비는 그 자체가 언론 관리의 무기 역할을 한다. 삼성경제연구소는 삼성의 이념을 만들고 사회에 확산시키는 전위적인 역할을 담당한다. 삼성장학생이라고 부르는 친삼성 인적 네트워크가 사회 곳곳에서 활동하고 있다.

거대 공룡의 삼성을 움직이는 컨트롤 타워는 미래전략실이다.[6] 사실상 초기업적 조직으로 이건희 회장의 친위조직으로 기능한다. 삼성이 장기적 전망을 수립하고 전략적 판단을 내릴 수 있었던 것도, 공격적이고 스피디한 정책 판단을 내리고 그룹 차원에서 공동 행동의 보조를 맞출 수 있었던 것도 그룹을 총괄하는 이런 친위조직이 있었기 때문에 가능했다는 평가가 있다. 그러나 이 조직은 삼성의 어두운 그림자도 떠안고 있다. 이재용 승계를 위한 에버랜드 전환사채 발행을 주도했고 정부, 국회, 대사회 로비의 밑그림도 여기서 내놓았다. 국회 안에 삼성의 막강한 로비팀을 운영하는데, 국회 상시 출입 인력만 삼성그룹 계열사를 포함하여 상당한 인원에 이른다고 한다. 이것이 삼성 이데올로기를 뒷받침해 온 실질적인 힘인지도 모르겠다.

이제 삼성의 위상과 역할에 걸맞은 삼성 이데올로기를 구상해야 할 것이다. 과거의 것으로 미래를 살 수 없듯이, 항상 변화와 혁신을 외쳤던 이건희 정신에 맞게 삼성은 시대에 맞는 혁신을 추구해야 할 것이다. 사회의 신뢰를 얻을 수 있는 혁신이 필요하다. 이제 삼성에서 이재용의 시대가 시작되었

---

6) 미래전략실은 삼성 특검으로 이건희 회장이 물러났다가 2010년 복귀하면서 설치한 조직으로 이전에 있었던 비서실, 구조조정본부, 전략기획실과 기능과 역할이 유사하다. 미래전략실에는 100여 명의 상주인력이 있으며 전략 1, 2팀, 인사지원팀, 경영진단팀, 커뮤니케이션팀, 기획팀 등 6개 팀과 준법경영실이 있다.

다. 이병철의 시대와 이건희의 시대가 달랐듯이 이재용의 시대도 다를 것이다. 이재용의 삼성이 새로운 시대에 발맞춰 슬기롭게 대처하지 못하면 삼성의 성공 신화가 무너져 내릴 수도 있을 것이다.

삼성의 미래 먹거리와 '비전 2020'

반도체와 휴대폰으로 세계 일등에 도달한 삼성은 위기를 강조하면서 새로운 미래의 성장 동력을 찾기 시작한다. 5년 후, 10년 후를 걱정해 온 이건희는 전자 산업의 성장 지속 가능성을 장담할 수 없다며 위기를 강조하곤 한다.

삼성그룹은 10년 후 먹거리를 찾기 위해 2007년 10월 19일 임형규 삼성종합기술원장을 팀장으로 하는 신수종 사업 발굴 태스크포스팀을 발족시킨다. 이는 그동안 계열사별로 태스크포스팀이 구성되어 검토 작업을 진행해 왔으나 계열사들이 위험 부담 때문에 꺼리는 중장기 사업을 그룹 차원에서 추진하기 위해서였다.

2009년 말 사면된 이건희는 다음 해 3월 "10년 내에 삼성을 대표하는 사업과 제품은 대부분 사라질 것이다. 다시 시작해야 한다."고 선언하면서 삼성전자 회장으로 경영에 공식 복귀한다. 경영 복귀 후 5월에 개최된 첫 사장단 회의를 통해 2020년까지 신사업 분야에 총 23조 3천억 원을 투자하기로 결정한다.

'비전 2020'이라 부르는 이 계획은 바이오제약, 의료기기 분야를 태양전지, 전기차용 배터리, 발광다이오드(LED)와 더불어 '5대 신수종 사업'으로 선정했는데, 헬스케어 분야와 친환경 에너지에 관련한 사업들이다. '비전 2020'은 그룹 차원의 대규모 투자 계획을 의미한다. 삼성은 대규모 투자를 통해 2020년에 가면 5개 신사업에서 매출액 50조 원, 신규 고용 창출 인원 4만 5천 명을 예상한다고 발표했다. '비전 2020'은 삼성이 헬스케어에 대규모 투자를 시작하는 시발점이 되었다.

〈표 1〉에서 보면 전체 투자액 23조 원 중에서 바이오제약, 의료기기에 3조 3천억 원을 투자하고 에너지 관련 분야에 20조를 투자하는 것으로 되어 있어 금액으로 보면 에너지 분야 투자가 절대적으로 많음을 알 수 있다. 매출 예상액으로 보면 총 매출액 49조 8천억 원 중에서 에너지 분야 매출액이 38조를 차지하는 것으로 되어 있다.

표 1. 삼성그룹 5개 신수종 사업 투자 계획안

신사업 분야	세부 계획	투자 금액	예상 매출	고용 창출
태양전지	결정계를 시작으로 추후 박막계를 추진	6조 원	10조 원	1만 명
자동차용 전지		5조 4천억 원	10조 2천억 원	7,600명
LED (발광 다이오드)	디스플레이 백라이트에서 조명, 엔진, 전장 등으로 확대	8조 6천억 원	17조 8천억 원	1만 7천 명
바이오제약	수년 내 특허가 만료되는 바이오시밀러 사업을 중심으로 삼성의료원 등과 협력	2조 1천억 원	1조 8천억 원	710명
의료기기	혈액검사기 등 체외 진단 분야부터 진출	1조 2천억 원	10조 원	9,500명
합계		23조 3천억 원	49조 8천억 원	4만 4,810명

자료: 삼성그룹, HMC투자증권

삼성은 처음에 에너지 분야에 지대한 관심을 갖고 사업을 진행해 왔지만 그 과정은 순탄치 않았다. 지금은 에너지 분야 사업이 대폭 축소되고 상대적으로 헬스케어 분야의 투자가 확대되는 양상이다.

태양광 발전 사업은 '비전 2020' 발표 이전부터 삼성의 차세대 사업으로 각광을 받았다. 삼성전자가 소재 분야를 맡고, 전지는 삼성SDI가, 시스템 및 설치 담당은 삼성물산과 에버랜드 중심으로 준비를 진행해 왔다. 삼성 SDI는 소형 2차 전지 분야에서 수년간 세계 1위 자리를 고수하고 있는데 주력 산업인 전지와 태양광에 이어 대용량 에너지저장장치(ESS)에도 나서고 있다. 삼성물산은 풍력 발전, 태양광 발전 건설 등 에너지 복합 기업을 지향하는 양상이다.

2011년 4월 삼성은 새만금 개발 지역 350만 평에 그린에너지 종합산업단지를 구축하기로 정부와 양해각서를 체결한다고 발표했다. 5대 신수종 사업에 대한 투자가 완료되는 2021년부터 2040년까지 3단계에 걸쳐 신재생에너지, 풍력발전기와 태양전지, 에너지 스토리지 시스템 등 생산 시설과 연구개발센터 등을 세운다는 계획이다.[7] 그러나 당초 계획대로 2021년부터 투자가 이루어질지는 불투명한 상황이다.

신수종 사업으로 지정했던 태양전지와 LED 산업이 당초 계획과 달리 해당 사업 분야 투자를 축소하기로 하는 등 변화를 겪고 있기 때문이다.[8] 축소되거나 조정되는 에너지 관련 사업 대신에 최근에는 B2B, 스마트홈, 모바

---

7) 삼성의 새만금 투자는 발표 당시 LH 유치 실패를 덮으려는 정치적인 거래라는 의혹이 일기도 했다.

8) 태양전지의 경우 세계 최대 모듈 회사인 중국의 선텍이 파산하고 국내외 상당수 태양광 기업들도 잇따라 생산 중단, 사업 철수 등을 단행해 전체적으로 구조 조정을 진행하고 있다.

일헬스 등 새로운 사업들이 관심을 끌고 있다. 새롭게 투자를 모색하는 B2B 분야는 최근 2~3년간 삼성전자가 인력을 확충하면서 전사적으로 집중하는 분야이며 모바일 헬스케어 분야는 급격하게 성장한 모바일 산업을 기반으로 하는데 원격의료 논란과 맞물려 있다.[9]

차세대 사업으로 관심을 끄는 분야는 웨어러블 디바이스 분야이다. 손목 시계형 웨어러블 디바이스로 삼성은 이미 갤럭시 기어 시리즈를 내놓았고 심밴드(Simband, 손목에 차는 밴드 형태의 기기) 발표회도 가졌다. 이에 상응하는 클라우드 기반의 정보 분석 프로그램인 사미(SAMI)[10]도 소개했는데 건강 정보 분야와 관련성이 크다. 이는 원격의료의 제도화와도 관계가 있어 앞으로도 계속 논란이 예상된다.

2010년 '비전 2020' 발표 이후 헬스케어 분야에 대한 투자는 꾸준하게 유지되는 반면 다른 분야의 투자는 계획보다 축소되었다. 새로운 사업으로 스마트폰이나 웨어러블 디바이스와 연동된 헬스케어사업이 부상하면서 헬스케어 사업에 대한 삼성의 투자는 더욱 확대될 것으로 보인다.

이재용 체제의 삼성

2013년은 신경영 20주년이 되는 해이다. 이건희 회장은 20주년을 맞아 전 세계 30만여 명의 삼성 직원들에게 이메일을 보내 제품, 서비스의 품격

---

9) 김양섭, 삼성, 신수종 사업 궤도 수정, 프레시안, 2014. 3. 25.

10) Samsung Architecture Multimodal Interactions

제고, 창의가 숨 쉬는 창조경영, 사회와의 상생을 새로운 키워드로 삼고 재도약을 주문했다고 한다.

2014년 5월 심장마비에 따른 뇌손상으로 이건희 회장의 정상적인 활동이 불가능해지면서 사실상 삼성은 이재용 체제가 시작되었다. 삼성은 1990년 중반부터 경영권 승계를 위해 치밀하게 작업을 진행해 왔다. 그 과정에서 에버랜드 전환사채 저가 발행, 삼성SDS 신주인수권부사채 발행 등 편법, 불법을 동원하기도 하여 법정에 오르기도 하고 사회적 비난의 대상이 되기도 했다. 이재용이 의욕적으로 추진한 e삼성 사업이 실패로 끝나 경영 능력을 의심받기도 했다. 2013년부터 삼성전자를 중심으로 한 사업부 구조조정과 계열사 구조조정이 진행되고 있으며, 2014년에는 삼성SDS와 삼성에버랜드 상장 계획을 발표했다. 이는 이건희 이후 삼성 지배구조 개편과 관련이 있는 것으로 보인다.[11]

이재용 체제의 삼성이 현재 직면해 있는 여러 가지 위기를 잘 극복할지 우려의 목소리가 높다. 경영권 승계 과정에서 불거진 편법, 불법 사례들은 차치하고라도 경영 능력 자체를 의심받는 상황에서 자신의 능력을 증명해 보여야 하는 과제도 쉽지 않아 보인다.

현재 반도체와 모바일 중심의 삼성전자 수익이 한계에 도달해 새로운 해결책을 모색해야 하는 상황이다. 삼성은 그 돌파구를 헬스케어 분야에서 찾고자 하는 것 같다.

2014년 4월 열린 중국 보아오 포럼 '아시아 경제전망 2014' 세션에서 삼

---

11) 송원근, 삼성 이재용의 경영권 승계, 정당한가, 프레시안, 2014. 7. 14.

성전자 부회장인 이재용은 많은 국가가 고령화 문제에 직면해 있고, 이에 대한 의료비용이 증가하고 있어, 이를 낮출 수 있는 솔루션을 찾아낸다면 엄청난 기회가 생긴다면서 의료분야에 대한 투자를 강조했다. 이 자리에서 이 부회장은 '삼성은 의료 및 헬스케어사업과 관련해 병원, 보험사, 제약회사와도 합작을 추진 중'이라고 밝혔다. 이 분야에 대한 삼성의 접근이 굉장히 포괄적임을 알 수 있다.

삼성은 헬스케어 분야에서 장밋빛 미래를 그리고 있지만 국민은 진한 먹구름을 보고 있을지도 모르겠다. 삼성이 헬스케어사업에 대한 투자를 확대할수록 의료민영화 논란은 더욱 거세질 것으로 보인다.

제2장

삼성의
헬스케어 관련
보고서

이 장에서는 주로 삼성경제연구소에서 발간한 보고서, 연구소가 주최한 심포지엄, 세미나 등 모임의 자료집 등을 검토함으로써 헬스케어사업 진출과 관련하여 삼성이 어떠한 전략적 사고를 하고 있는지 그리고 실제 사업 추진 또는 정부의 정책 등과 어떤 관련을 맺고 있는지를 살펴볼 것이다.

대부분 삼성경제연구소에서 발간한 자료들인데 마지막에는 삼성생명의 보고서 하나가 실려 있다. 소위 전략보고서로 불리는 이 보고서는 우리나라 건강보험 체계의 근간을 흔들고 종국적으로 미국식 의료보험 체계로 진행되기를 희망하는 삼성의 속마음이 담겨 있다.

한겨레신문과의 삼성배후론 공방에서 삼성은 헬스케어 관련 보고서들이 삼성에서 내는 수많은 보고서들 중 극히 일부일 뿐이라고 얘기하지만 보고서들이 나름대로 일관성을 갖추고 동일한 내용이 반복적으로 언급되고 있으며 여기서 제시하는 논리들이 그대로 정부 정책에 차용되는 경우가 많아 삼성의 해명을 그대로 받아들일 수만은 없는 상황이다.

삼성경제연구소의 역사와 영향력

삼성경제연구소는 1986년 7월 25명의 연구원이 근무하는 삼성생명 부설 연구기관으로 출범한 후 1991년 독립된 주식회사로 전환했다. 초기에는 경제, 경영, 산업 등과 같은 영역에서 그룹 계열사 등의 프로젝트를 수행하였는데 이후 지방자치단체 프로젝트 수행을 시발로 공공정책에 대한 연구로 확장했다.

공공정책에 대한 연구는 1990년대부터 시작했다. 1994년 서울시 시정개혁 프로젝트를 시작으로 정책에 대한 연구 역량을 강화하기 시작했고 1996년에는 '정책연구센터'를 두면서 정책 관련 연구가 증가했는데 외환위기 이후에는 정책 연구 부문에서 삼성경제연구소의 영향이 증대되었다.

행정자치부의 '공무원 보수제도 개편방안'(1998년), 교육부의 '국립대학 평가 프로젝트'(1998년), 산업자원부의 '지역경제 활성화 방안'(1999년), 국민의료보험관리공단의 '의료보험 재정안정종합대책 수립'(1999년) 등의 프로젝트를 삼성경제연구소가 맡아서 진행했다.[1]

외환위기 이후 삼성전자는 더욱 두각을 나타내며 세계적인 기업으로 성장해 가면서 영향력이 확대되었다. 더불어 삼성경제연구소의 영향력도 확대되는데 김대중 정부 이후 노무현 정부를 거치면서 국가 어젠다 설정에 깊숙이 개입하게 된다. 이 시기에 등장한 '강소국론', '동북아 중심 프로젝트', '국민소득 2만 불 시대', '한미 FTA' 등 굵직한 어젠다들의 등장에 삼성경제연구소가 막대한 역할을 하였다고 알려져 있다.

헬스케어 분야와 관련해서도 연구 보고서들이 쏟아져 나오는데 대부분

---

1) 최영진, 삼성경제연구소는 국가 정책연구소? 주간경향 1026호, 2013. 5. 21.

기업의 입장에서 의료서비스 분야 산업화 추진이라는 과제 수행에 관한 것들이다. 의료서비스 분야를 어떻게 산업화할 것이냐의 문제인데 그동안 의료민영화와 관련하여 논란이 되었던 수많은 쟁점이 포함되어 있다. 영리병원, 건강보험 당연지정제, 원격의료, 민간보험 활성화, 해외 의료관광 등 의료민영화 관련 이슈들이 망라되어 있다.

삼성경제연구소의 보고서

여기서는 삼성경제연구소에서 발간한 수많은 자료 중에서 보건의료 분야와 관련된 자료들을 중심으로 그 내용을 검토해 보고자 한다. 자료들은 연구보고서, 경제포커스, 이슈페이퍼(Issue paper), CEO information, 심포지엄 자료집 등 다양한 방식으로 나오는데 일부 내용이 중복되기도 한다.

'국민소득 2만 불로 가는 길'(2003년)[2]

국정 어젠다가 취약했던 참여정부는 이건희 회장이 신경영 10주년을 맞이해 2003년 6월 5일 발표한 제2기 신경영 지침에서 제기한 '국민소득 2만 불' 담론을 받아들였는데 이후 삼성경제연구소는 다른 정부 출연 연구소들

---

2) 삼성경제연구소, 「국민소득 2만 불로 가는 길」, 연구보고서, 2003.

과 공동으로 경제운용 계획 입안에 참여하게 된다. 당시 '한국의 2만 불 시대 달성을 위한 전략—해외 사례로부터의 시사점',[3] '국민소득 2만 불로 가는 길' 등의 보고서가 나왔다.

연구보고서인 '국민소득 2만 불로 가는 길'에서는 바이오산업의 경우 우리나라가 특별히 더 강점은 없으나 메가트렌드이고 유망한 종목이며 고령화에 따라 실버산업이 각광받는 정도라는 언급이 있을 뿐이다. 헬스케어라는 용어는 아직 등장하지 않는다.

'바이오테크 기업의 사업전략'(2003년)[4]

2003년 6월 10일 발간된 '바이오테크 기업의 사업전략'이라는 이슈페이퍼에서는 바이오산업, 바이오테크산업, 바이오기술산업, 건강산업 등 여러 명칭이 혼재되어 있다고 하면서 최근에 발전한 유전자 및 세포물질과 관련된 하이테크 바이오기술을 이용한 산업을 '바이오테크산업'이라고 정의하고 주로 바이오의약품 및 유전체 사업과 관련하여 언급한다. 이 분야에 대한 모색을 위한 기초 조사의 성격이 강한 듯하다.[5]

---

3) 대외경제정책연구원, 「한국의 2만 불 시대 달성을 위한 전략」, 2003. 10. 20. (삼성경제연구소가 발주한 용역보고서)

4) 삼성경제연구소, 「바이오테크 기업의 사업전략」, Issue Paper, 2003. 6. 10.

5) 삼성은 실제 2011년 삼성바이오로직스를 설립하여 바이오의약품 사업에 진출한다. 유전체 사업에도 관심을 갖고 있는데 삼성의료원에 2001년 유전체연구센터를 설립했고 삼성테크원은 2009년 유전자 분석 장비 사업 진출을 선언한 바 있다.

'경제재도약을 위한 10대 긴급제언'(2004년)[6]

2004년 9월 13일 의정연구센터와 삼성경제연구소가 공동으로 개최한 '경제재도약을 위한 10대 긴급제언' 심포지엄에서는 한국 경제의 문제점 진단과 향후 발전 방향에 대해 구체적으로 언급하는데 의료에 대해서는 FTA와 관련하여 짧게 언급하고 있다. 존스홉킨스, 하버드 등 외국의 유명 의과대학을 유치하여 아시아 의료서비스 수요를 흡수하고 e-health 활성화로 의료 부문의 산업구조를 고도화하자는 내용이다. 이때만 해도 영리병원을 본격적으로 허용하자거나 민간보험을 활성화하자는 등의 내용은 아직 등장하지 않는다.

'바이오 신사업기회와 대응전략'(2004년)[7]

2004년 10월 나온 '바이오 신사업기회와 대응전략'이라는 보고서에서는 바이오사업은 국가 차원에서 추진해야 하는 21세기 전략사업으로 핵심 분야는 바이오신약, 바이오치료, u-헬스, GMO 4개 분야이며 그 밖에도 바이오기기, 바이오환경 · 에너지, 바이오공정 분야도 부상할 것이라고 예측한다.

---

6) 삼성경제연구소, 「경제재도약을 위한 10대 긴급제언」, 심포지엄자료집, 2004. 9. 13.

7) 삼성경제연구소, 「바이오 신사업기회와 대응전략」, CEO Information, 2004. 10. 27.

'제약 산업의 도약을 위한 우선 과제'(2004년)[8]

'제약 산업의 도약을 위한 우선 과제'에서는 최근 바이오신약 및 장기가 차세대 성장 동력으로 부각되면서 관심이 증가하고 있으며,[9] 제약 산업에 필수적인 임상시험 관련 인프라를 확충하고 향후 전문 인력 및 역량도 키우고 제도와 운영도 국제적 수준으로 보완하고 임상시험 전문기업도 육성할 필요가 있다고 지적한다.

'매력 있는 한국, G10 in Y10 프로젝트: 2015년 10대 선진국 진입전략'(2005년)[10]

삼성경제연구소는 2005년 6월 29일 국회에서 열린 '시장경제와 사회안 전망 포럼' 창립 1주년을 기념하여 공동으로 주최한 '매력 있는 한국, G10 in Y10 프로젝트: 2015년 10대 선진국 진입전략'이란 심포지엄을 통해 우리나라가 도약국가로 나아가기 위해서는 비즈니스서비스, 문화관광, 의료서비스 등 한국형 3대 서비스산업을 집중 육성해야 한다고 밝혔다. 의료서비스산업을 육성하기 위해 구체적으로 제시한 사항은 영리법인의 의료기관 설

---

8) 삼성경제연구소, 「제약산업의 도약을 위한 우선 과제: 임상시험 인프라 구축」, SERI 경제 포커스, 2004. 12. 20.

9) 2008년 정부는 '바이오신약과 바이오 장기'를 10대 차세대 성장 동력 사업으로 지정한 바 있다.

10) 삼성경제연구소, 「매력있는 한국, G10 in Y10 프로젝트: 2015년 10대 선진국 진입전략」, 심포지엄자료집, 2005. 6. 29.

립을 단계적으로 허용하고, 장기적으로는 주식회사형 영리의료법인을 허용하고, 병원 광고, 외국인 의사 고용 제한 등 의료기관의 운영을 제한하는 규제들을 완화하여 효율성을 제고하고, 민간의료보험을 활성화하여 의료 수요를 제고하자는 것이었다. 일명 '매력한국론'이라고 불리는데 영리병원, 민간의료보험 활성화에 대해 본격적으로 공론화하기 시작한다.

'전략 서비스산업의 경쟁력 강화 방안'(2005년)[11]

2005년 8월 발간된 '전략 서비스산업의 경쟁력 강화방안'에서 우리나라의 낙후된 서비스산업을 제조업과 함께 성장 동력으로 삼아 저성장의 위기를 극복해야 한다고 하면서 광범위한 서비스산업 중에서 '선택과 집중'의 전략적 접근이 필요하다고 언급하고 있다. 이어 보고서에서는 잠재력을 가지고 있는데도 불구하고 아직 낙후되어 있는 비즈니스서비스, 문화관광, 의료서비스 등 3대 전략 분야를 선정하여 자세하게 설명한다. 이 중 의료서비스 분야에 대해서는 영리법인의 의료기관 설치를 허용하고 규제를 풀어야 하며 고급 두뇌를 활용하여 글로벌화를 지향하며 IT, BT와 접목하여 유망 분야를 선점해야 한다고 주장한다.

영리의료법인을 허용하여 민간투자를 촉진하고 나아가 주식회사형 영리의료법인까지 가야 한다고 보고 있으며 민간의료보험, 의료관광산업도 활성

---

11) 삼성경제연구소, 「전략서비스산업의 경쟁력 강화방안」, CEO Information, 2005. 8. 3.

화하고 첨단의료복합단지를 조성하여 해외 자본을 과감하게 유치할 필요성 등에 대해서도 언급한다. '매력 있는 한국, G10 in Y10 프로젝트: 2015년 10대 선진국 진입 전략'과 같은 맥락의 내용들을 담고 있다.

이 보고서가 발표된 시점에 정부에서는 의료서비스산업화 정책을 본격적으로 추진하기 시작한다. 2005년 10월 '의료산업선진화위원회'가 설치되면서 '의료산업선진화'라는 용어도 처음 사용되었다.

'의료서비스 개방 논의와 시사점'(2006년)[12]

2006년 5월 발간된 '의료서비스 개방 논의와 시사점'에서는 한미FTA 협상이 본격적으로 시작되면서 의료서비스 개방 문제가 관심을 끌었는데 국내 의료서비스 경쟁력이 취약해 시장 개방을 점진적으로 하는 것이 바람직하며 경쟁력 제고를 위한 계기로 활용해야 한다고 주장했다. 그리고 의료서비스의 질적 제고와 투자 확대를 위해서는 국내 의료기관에 대해 영리의료법인 허용을 검토하는 것이 필요하고 국내 의료기관도 세계 의료서비스 시장에 적극적으로 진출하여 해외 환자를 유치하려는 노력이 필요하다고 언급한다. 마지막으로 우리나라 공공의료 부문이 취약하여 의료서비스 시장 개방이 영리의료법인 허용과 함께 진행될 경우 저소득 계층의 의료 접근성을 보장하는 노력이 병행되어야 한다고 첨언했다. 마지막 언급은 연구소 측도 우

---

12) 삼성경제연구소, 「의료서비스 개방 논의와 시사점」, SERI 경제포커스, 2006. 5. 22.

리나라가 그만큼 공공부문이 취약하여 의료개방과 영리병원 허용 시 상당한 부작용이 뒤따르리라는 것을 인식한 것으로 보인다. 이후 연구들에서 이 같은 공공부문의 취약성에 대한 언급은 거의 찾아보기 어렵다. 분명히 연구소도 이에 대한 문제의 심각성을 인식하고 있을 것으로 보이지만 언급을 회피하는 것으로 보인다.

'의료서비스산업 고도화와 과제'(2007년)[13]

2007년 2월 삼성경제연구소는 '의료서비스산업 고도화와 과제'라는 보고서에서 의료서비스산업 고도화의 배경으로 제조업 위주의 성장 정책이 한계에 봉착하면서 서비스산업의 중요성이 증대되고, 특히 부가가치가 높은 의료서비스 분야의 경우 선진화의 필요성이 절실하다고 말한다. 이러한 의료서비스산업 고도화는 의료서비스를 공공재의 영역에서 산업의 영역으로 새롭게 해석하여 차세대 성장 동력으로 육성하고, 의료서비스의 질적 발전은 물론 연관 산업의 발전을 유도하고, 수출을 통한 국익창출에 기여하는 것이라고 언급하고 있다.

이 보고서는 의료서비스산업 고도화를 실현하기 위해서 영리의료법인의 허용, 포괄수가제 도입, 당연지정제 폐지, 민간의료보험 활성화, 의료기관의 경영합리화 노력 등에 대해 설명한다.

---

13) 삼성경제연구소, 「의료서비스산업 고도화와 과제」, Issue Paper, 2007. 2. 8.

'의료산업의 5대 메가트렌드와 시사점'(2007년)[14]

'의료산업의 5대 메가트렌드와 시사점'에서는 최근의 의료 분야 5대 메가트렌드로 맞춤의료(Personalized medicine)의 발전, 바이오가 주도하는 의료산업, u-Health의 보편화, 의료서비스의 글로벌화, 소비자주의(Consumerism)의 확산 등을 들었다. 합성 신약 개발이 부진한 가운데 항암제, 항체 등 바이오신약이 제약 산업을 선도하고 있다고 지적한다.

실제 삼성은 삼성바이오로직스를 설립하여 바이오의약품 사업에 진출한다. 맞춤의료는 유전자 분석에 따라 개인별로 특화된 의료, 원격의료 등으로 현실화되고, u-Health에 대해서는 끊임없이 언급되고 있으며, 글로벌화는 해외 환자 유치나 삼성서울병원의 해외 진출로 가시화되고 있다.

'유헬스(u-Health) 시대의 도래'(2007년)[15]

삼성경제연구소는 또 2007년 5월 '유헬스(u-Health) 시대의 도래'라는 보고서를 작성했다. 여기서 유헬스란 원격 환자 모니터링과 같이 유무선 네트워킹을 활용하여 '언제나, 어디서나' 이용 가능한 건강관리 및 의료서비스를 지칭한다고 했다. 유헬스 시스템은 개인의 생체신호 및 의료정보를 측정하여 건강관리회사나 의료기관이 운영·관리하는 건강정보시스템으로 전송

---

14) 삼성경제연구소, 「의료산업의 5대 메가트렌드와 시사점」, SERI 경제포커스, 2007. 3. 5.

15) 삼성경제연구소, 「유헬스(u-Health) 시대의 도래」, CEO Information, 2007. 5. 2.

하면 건강관리사나 주치의가 대상 고객에 대해 원격으로 건강관리 및 의료
서비스를 제공하도록 구성된다.

보고서에서는 유헬스 활성화를 위한 선결 조건으로 정부규제의 완화가
필요하다며 그 예로 의료기관의 영리행위 금지와 의료인의 서비스 독점 등
을 규정하고 있는 의료법 개선의 필요성을 제기했다. 환자에 대한 직접적인
원격진료 허용, 건강관리회사의 의료정보 취급, 유헬스 기기 및 건강관리사
에 대한 규정, 유헬스에 대한 건강보험 적용 등 구체적인 문제제기들도 빼놓
지 않았다. 이어 전자 및 IT 기업에 유헬스는 블루오션 가능성이 높다는 점
도 지적한다.

'유헬스(u-Health)의 경제적 효과와 성장 전략(2007년)[16]

같은 해 7월에 나온 '유헬스(u-Health)의 경제적 효과와 성장 전략'에서
는 2월의 보고서의 내용을 그대로 이어받으면서 비용—편익 분석에 대해 좀
더 자세하게 기술한다. 노인 환자에 대한 원격 모니터링이 이루어질 경우 총
2조 8,000억 원의 사회적 총 편익이 발생하고 소요되는 비용은 원격의료장
비 구입에 드는 비용으로 1조 3,500억 원을 얘기한다.

먼저 총 편익에 대해 살펴보면 원격 환자 모니터링에 의해 만성병 환자의
의료비를 27% 절감할 수 있다는 논문[17]에 근거하여 2006년 기준 국민건강

---

16) 삼성경제연구소, 「유헬스(u-Health)의 경제적 효과와 성장전략」, Issue Paper, 2007. 7. 25.

17) Johnston B. et al. Outcome of the Kaiser Permanente Tele- Home Health Research Project, 2000.

보험의 연간 노인의료비 5.6조 원의 27%인 1.5조 원을 절감할 것으로 보았다. 이에 상응하는 노인 환자의 본인 부담금은 약 4.3조 원에서 27%인 1.16조 원 절감, 그리고 의료기관 방문에 따른 교통비도 27% 감소하는 것으로 계산하여 1,350억 절감하여 총 2.8조 원의 편익이 발생한다고 분석했다.

반면 비용 분석에서는 원격장비 구입으로 1.3조 원의 사회적 비용이 발생한다고 했다. 원격 모니터링 서비스를 위한 장비 임대료를 연간 332,500원 수준[18]으로 계산하고 65세 이상 노인인구 모두 원격 모니터링 장비를 사용한다는 가정 하에 둘을 곱해 1.35조 원의 비용이 발생한다고 분석했다.

이 보고서에서는 편익 분석에서 교통비까지 포함하는 치밀함까지 보였지만 비용 분석에서는 장비 구입비만 고려하는 등 허술함이 보인다. 원격 모니터링이 제대로 이루어지려면 장비만 갖다 놓는다고 되는 것이 아니라 장비를 이용하여 제공되는 원격의료서비스에 대한 비용, 통신비용, 의료비용까지 모두 고려해야 하는데 이 부분이 누락되었다. 스마트폰을 기기만 구입한다고 바로 사용할 수 없는 것과 같은 이치이다. 통신회사를 하나 정해서 가입하고 매달 비용을 지불해야 제대로 사용할 수 있게 된다. 여기에 이런저런 부가서비스까지 추가하다 보면 사실 배보다 배꼽이 더 커지는 경우가 발생하게 된다. 원격의료도 마찬가지이다.

이 보고서에서 발견되는 더 큰 문제는 총 편익 산출의 근거가 빈약하다는 것이다. 27% 절감된다는 논문을 한 편만 제시하고 수조 원의 편익을 계산하는데 사실 의료비 절감 효과를 부정하는 논문도 많이 나와 있다. 편익은 부

---

18) 미국 하니웰이 공급하는 원격 환자 모니터링 장비 대당 3,323,000원을 10년간 감가상각하여 1년 장비 임대료로 대당 332,500원을 산출함.

풀리고 비용은 축소해 결과적으로 원격의료의 효과를 과장한 셈이다.

'한국이 주목해야 할 차세대 바이오산업 5선'(2009년)[19]

'한국이 주목해야 할 차세대 바이오산업 5선'에서는 바이오시밀러, 해양 조류 바이오연료, 대형의 임상실험실용 진단기기를 소형으로 구현한 POC 진단기기, 분자농업, 바이오케미컬 등을 들었다.

'미래 복지사회 실현을 위한 보건의료산업 선진화 방안'(2010년)

2009년 보건복지부는 삼성경제연구소와 5억 원 규모의 연구 수의계약을 체결하였는데 그 결과물로 2010년 8월 '미래 복지사회 실현을 위한 보건의료산업 선진화 방안'이라는 보고서를 제출했다. 이 보고서에서 삼성경제연구소는 '헬스테크놀로지(Health Technology, HT)'를 제안했는데 이는 건강보험, 예방, 치료, 재활, 건강관리를 포괄하는 의료서비스로 환자 개인 질병 정보까지도 포함하는 것이다.[20]

HT는 의료기기사업과 제약사업처럼 산업 영역으로 분류되어 온 부분과

---

19) 삼성경제연구소, 「한국이 주목해야 할 차세대 바이오사업 5選」, CEO information, 2009. 11. 18.

20) 의료민영화 저지 및 건강보험 보장성 강화를 위한 범국민운동본부, 「삼성경제연구소 "보건의료산업 선진화 방안" 보고서 주요 내용 및 문제점」, 2010. 10. 5.

함께 공적 영역인 건강보험, 보건의료서비스, 환자 질병 정보 등을 묶어서 상업화하겠다는 전략으로 영리병원 허용이나 건강보험 당연지정제와 같은 직접적인 의료민영화 계획이 국민적 저항에 부딪혀 저지되자 우회 전략으로 제출된 것으로 보인다.[21]

이 보고서에 따르면 기존 BT가 생명체를 이용해 제품 서비스를 생산하는 기술이라면 HT는 인간의 건강 증진 및 질병의 예방·치료를 위한 제반 기술로 정의했다. 또한 HT를 발전시키기 위해 기초연구부터 중개연구, 임상연구, 제품화, 진료서비스를 포함하는 광의의 연구개발이 필요하며, HT 핵심 연구개발 추진 로드맵을 크게 ① 연구중심 병원화, ② Triple Ten,[22] ③ 3R,[23] ④ 맞춤형 예방진단,[24] ⑤ 글로벌 HT 연구인력 양성, ⑥ 국가 HT 산업화 지원단, ⑦ 중개연구 기반구축, ⑧ 부처협동 HT 추진위원회 설치 등으로 제안했다.[25]

이 보고서에 대해 '의료민영화 저지 및 건강보험 보장성 강화를 위한 범국민운동본부' 측은 "기존의 영리병원 허용과 민영의료보험 활성화 등을 그대로 추진하되 새로운 우회로로 건강관리서비스와 원격진료 및 개인 질병

---

21) 의료민영화 저지 및 건강보험 보장성 강화를 위한 범국민운동본부, 「삼성경제연구소 "보건의료산업 선진화 방안" 보고서 주요 내용 및 문제점」, 2010. 10. 5.

22) 10년 내 10대 질환 분야에서 각 10개씩 총 100개의 한국형 신 예방 치료기술, 신약 진단제품, 의료기기용품 등을 개발하는 프로젝트이다.

23) 노화(Revitalization), 재생(Regeneration), 재활(Rehabilitation) 분야에서 맞춤형 치료제, 재활보조기기, 생체적합 소재 등을 개발하는 산업화 프로젝트이다.

24) 원격의료를 가능하게 하고 Triple Ten 및 3R 사업의 기반 기술을 제공하기 위해 의료정보 통합시스템 등을 개발하는 프로젝트이다.

25) 서의규, 'HT', 대한민국 보건의료 R&D 지도 바꾸나, 청년의사, 2010. 11. 8.

정보 데이터베이스화를 통해 의료민영화의 새로운 영역과 새로운 우회로를 제시했다."고 비판했다. 삼성경제연구소는 자신들의 제안을 달성하기 위해 규제를 완화하고 정부지원을 확대하는 등 범국가적 차원의 지원이 필요하다고 주장한다. 실제로 2010년 건강관리서비스법과 의료법 개정안 골자가 건강관리서비스 시장화와 원격진료를 전면 허용하고 있어 삼성경제연구소의 보고서와 상당히 일치한다.

'2011년 국내 10대 트렌드'(2011년)[26]

삼성경제연구소는 2011년 1월 '2011년 국내 10대 트렌드' 보고서를 발표하고 '올해 우리나라 경제는 국내외 불확실성으로 긴장이 고조되는 가운데 새로운 도약을 모색할 것'이라고 전망하면서 10대 트렌드 중에서 여덟 번째로 "바이오제약 산업이 도약하는 원년이 될 것이다. 바이오 복제약이 본격 출시되어 바이오제약 산업이 신성장 동력 확충 및 국민 의료비 절감에 기여할 것이다."라고 기술했다.[27]

---

26) 삼성경제연구소, 「2011년 국내 10대 트렌드」, CEO Information, 2011. 1. 12.

27) 삼성은 2011년 삼성바이오로직스를 설립하여 바이오제약 사업에 본격 진출한다. 삼성보다 일찍 이 사업에 진출한 선발주자인 셀트리온, LG 생명과학이 2011년 바이오 복제약을 처음 출시했다.

'헬스케어산업의 메가트렌드와 한국의 기회'(2011년)[28]

거의 동시에 발표한 '헬스케어산업의 메가트렌드와 한국의 기회'에서는 한국의 강점인 IT 및 의료서비스 역량과 제약·의료기기 산업을 접목한 '융복합형 헬스케어산업'을 집중 육성해야 한다고 강조한다. 그리고 메가트렌드와 한국의 장점을 고려하여 향후 글로벌 경쟁력을 확보할 수 있는 5대 산업으로 ① 디지털의료기기, ② 헬스가전, ③ 줄기세포치료, ④ 임상시험, ⑤ 의료관광 등을 제안한다.

'헬스케어 3.0: 건강수명 시대의 도래'(2011년)[29]

삼성경제연구소는 2011년 11월 '헬스케어 3.0: 건강수명 시대의 도래'란 제목의 보고서를 발간했다. 이 보고서에서는 헬스케어의 시대별 특징을 분류하면서 헬스케어 1.0은 공중보건의 시대로 전염병 예방이 주가 되고, 헬스케어 2.0은 질병 치료의 시대로 기대수명 연장이 주목적이 되는 데 비해 헬스케어 3.0은 건강수명의 시대로 건강수명 연장이 과제임을 언급한다(〈표 2〉).

---

28) 삼성경제연구소, 「헬스케어산업의 메가트렌드와 한국의 기회」, CEO Information, 2011. 1. 19.
29) 삼성경제연구소, 「헬스케이 3.0: "건강수명"의 시대의 도래」, CEO Information, 2011. 11. 23.

표 2. 헬스케어 시대별 특징

구분	헬스케어 1.0 (공중보건의 시대)	헬스케어 2.0 (질병 치료의 시대)	헬스케어 3.0 (건강수명의 시대)
시대	18~20세기 초	20세기 초~말	21세기 이후
촉발시킨 기술 혁신	인두접종(1721년)	페니실린 발견(1928년)	인간 게놈 해독(2001년)
주목적	전염병 예방과 확산 방지	질병 치료	질병의 예방 및 관리를 통한 건강한 삶 영위
건강지표	전염병 사망률	기대수명	건강수명
공급자	국가	제약, 의료기기, 병원	기존공급자 외 IT, 건설, 자동차, 가전, 보안 등
수요자	일반인(전 국민)	환자	일반인
산업의 변화	· 예방접종 활성화 · 청진기, 엑스레이 발명	· 제약, 기기, 서비스산업 본격화와 보험 발달	· 제약–서비스, 제약–진단 기기의 연계 및 통합 · 병원의 수익 모델 확대
성과	· 전염병 사망률 감소 · 개인별 질환 치료 미흡	· 질환 극복 · 기대수명 연장 · 의료비 증가	· 일상 관리, 맞춤 치료 등을 통해 의료비 절감 · 건강수명 연장(전망)

헬스케어 3.0 시대는 인간 게놈이 해독된 2001년 이후 21세기를 지칭하는데, 질병의 예방과 관리를 통해 건강한 삶을 영위하는 것을 목적으로 한다. 헬스케어의 공급자는 국가, 병원, 의료기기회사, 제약회사 등 기존의 공급자 외에 IT, 건설, 자동차, 가전, 보안 관련 회사들도 포함된다고 언급한다. 헬스케어 3.0을 통해 건강의 일상 관리 맞춤 치료가 가능해져 결과적으로 건강수명이 연장될 것이라고 전망한다.

헬스케어 3.0 시대의 4대 변화 키워드로 ① 일상의 관리화, ② 개인 맞춤화, ③ 진단, 치료 미세화, ④ 환자 중심화를 언급한다. 일상의 관리화는 IT,

의료기기 기술의 발전으로 의료진과 소비자가 네트워크로 연결되어 일상 건강관리가 가능해지는 환경 즉 유헬스의 환경을 상정한다. 개인 맞춤화에서는 개인의 유전적 소인과 체질을 고려한 치료 즉 유전자 치료, 줄기세포 치료 등에 대해 얘기한다. 진단, 치료 미세화에서는 기술발전에 따른 조기진단과 최소침습 수술 등을 예로 든다. 환자중심화는 환자의 참여, 편익 등에 대해 언급한다.

여기서 헬스케어의 공급자로 기존의 전통적 공급자 외에 IT, 건설, 자동차, 가전, 보안 등 다양한 기업이 참여할 수 있다고 언급한다. 독점적 전문가인 의료인에 제한되었던 헬스케어의 공급자 역할을 다양한 영역의 산업자본들에게도 개방해야 한다는 주장이다. 의료의 영역에 산업자본이 개입할 여지가 있어야 한다는 것이다.

'헬스케어 3.0: 건강수명 시대의 도래(2012년)[30]

2012년 8월 발간된 '헬스케어 3.0: 건강수명 시대의 도래' 라는 연구보고서에서는 2011년도에 나온 같은 제목 보고서의 기본 개념에 대해 더 자세히 설명하면서 4대 변화 키워드별로 비즈니스 모델에 대해서도 상세히 서술한다.

보고서의 후반부에는 시사점이라고 하여 정부의 역할에 대해 언급한다.

---

30) 삼성경제연구소, 「헬스케어 3.0: 건강수명 시대의 도래」, SERI 연구보고서, 2012. 8.

'건강수명 연장'을 헬스케어 정책의 목표로 설정하고 이를 위해 예방의학기술을 개발하고 비만, 흡연 등 통상 질환으로 간주되지 않는 준질환에 대한 대응 투자를 확대하고 다양한 신개념의 헬스케어사업이 정착할 수 있도록 제도 정비가 필요하다고 강조한다.

제도정비와 관련해서는 세포 및 유전자 치료 등 제약과 시술이 융복합되는 분야의 인허가 제도를 신속히 정비하고 유전자 활용이 활성화되는 시점에 대비하여 기업이나 보험회사가 유전정보를 활용할 때[31] 유전적 이유에 따른 차별 금지를 명문화할 필요성 그리고 원격의료 등의 활성화에 대비하여 의료정보의 전송과 관련한 네트워크 기술 표준화 등에 대해서도 언급한다. 관련 의료 인력의 양성도 필요하며 질병, 환자 정보를 보유한 병원의 연구개발 참여가 의료 기술의 산업화에 필수적이므로 정부 차원의 지원도 필요함을 역설한다.

'새로운 성장 동력으로 부상하는 안티에이징'(2013년)[32]

2013년 들어서 삼성경제연구소는 안티에이징에 대한 관심을 보이기 시작한다. '새로운 성장 동력으로 부상하는 안티에이징'이라는 이슈페이퍼에서는 안티에이징이 최근 고성장을 지속하여 거대 시장을 형성했으나 아직도

---

31) 2010년 삼성의료원은 미국의 라이프 테크놀로지사의 유전체 지도 해독 장비를 도입해 유전체 지도 해독을 본격적으로 시작했다. 2011년 9월부터 시범서비스를 시작하고 2012년 6월부터는 본격적으로 상용화를 시작했다. 이 보고서가 나온 시기는 2012년 8월이다.
32) 삼성경제연구소, 「새로운 성장 동력으로 부상하는 안티에이징」, SERI 이슈페이퍼, 2013. 1.

산업화 초기 단계로 미래 성장 잠재력이 충분하므로 안티에이징 산업에 대한 기업과 정부의 민첩하고 적극적인 대응이 필요한데 기업은 반드시 이를 미래 성장 동력으로 고려하고 기존 사업과의 연계를 추진할 필요가 있고 정부는 안티에이징 산업의 경쟁력을 강화하고 미래 전략산업으로 육성할 필요성이 있다고 역설한다.

실제 삼성은 이 이슈페이퍼가 나온 2013년 1월 삼성종합기술원에 웰에이징연구센터를 세우고 노인의학의 권위자인 박상철 전 서울의대 교수를 부사장급 센터장으로 영입한다.

'안티에이징의 3대 키워드'(2013년)[33]

9월에 발표된 '안티에이징 3대 키워드'에서는 ① 소식, 운동과 같은 노화예방 습관을 일상화해야 하며, ② 근력약화 등 초기 증상에 적극적으로 대처할 필요가 있으며, ③ 노화로 인해 회복이 어려울 정도로 저하된 운동 및 감각 기능을 증진시키기 위한 첨단 보조기기 개발이 필요함을 지적하면서 기업은 안티에이징 분야에서 신사업 기회를 적극 발굴하여 시장을 선점할 필요가 있다고 지적한다.

---

33) 삼성경제연구소, 「안티에이징의 3대 키워드」, SERI 경영노트, 2013. 9.

'미래 산업을 바꿀 4대 파괴적 혁신 기술'(2013년)[34]

2013년 5월 '미래 산업을 바꿀 4대 파괴적 혁신 기술'에서는 헬스케어 분야와 관련해 웨어러블 컴퓨터(Wearable computer)와 유전자 치료제(Gene Therapy), 두 가지를 언급한다. 웨어러블 컴퓨터의 경우 기기를 통해 축적된 생체 정보와 네트워크를 통한 진단기기 활용으로 헬스케어 산업이 기기 의존형으로 변화할 것이라고 전망한다. 유전자 치료제는 난치병의 원인인 비정상 유전자를 정상 유전자로 대체하여 질병을 완치하는 신개념 치료제이다. 2010년 10월 희귀 유전성 질환인 혈중 지질분해 결핍증 치료제인 '글리베라'가 유럽 최초로 승인을 받았는데 치료비가 100만 달러에 육박하는 초고가 의약품이어서 비용 지불 방안의 개선에 대한 논의도 본격화될 것이라고 전망한다.

'스마트 뉴딜: 공공데이터 개방과 기업의 활용'(2013년)[35]

2013년 8월 발간된 '스마트 뉴딜: 공공데이터 개방과 기업의 활용'이라는 보고서에서는 공공데이터를 민간에 개방하는 오픈데이터 정책에 대해 언급한다. 다양한 영역의 데이터를 개방하는 것에 대해 말하는데 주요한 분야 중의 하나로 헬스케어 서비스의 진료, 처방 기록도 있다. 2010년 미국 정부가

---

34) 삼성경제연구소, 「미래 산업을 바꿀 7대 파괴적 혁신기술」, CEO information, 2013. 5. 1.

35) 삼성경제연구소, 「스마트 뉴딜(New Deal): 공공데이터 개방과 기업의 활용」, CEO Information, 2013. 8. 28.

시작한 '헬스데이터 이니셔티브' 사업이나 중국 진저우 시의 '건강도시' 전략을 예로 들면서 의료 분야 공공데이터 개방에 대해 이야기한다.

의료 분야의 공공데이터 중에서 진료, 처방 기록 중 가장 중요한 것은 국민건강보험공단이 보유하고 있는 환자 진료 기록이다. 민간보험사들은 정부에 대해 개인별 질병 정보의 공유를 끊임없이 요구한다. 질병과 관련해 위험 리스크가 높은 사람을 선별하여 보험 가입을 거부하고, 보험금 지급 심사도 철저히 하여 보험금 지급을 거부할 수 있는 빌미를 찾아낼 수 있기 때문이다. 질병 정보의 접근 가능성은 민간보험사의 역할 증대로 나타나 공보험과의 경쟁에서 현재보다 유리한 환경을 조성하게 된다.

삼성생명의 전략보고서: '민영건강보험의 현황과 발전 방향'

2005년 9월 13일 보건의료단체연합을 비롯한 보건의료단체들은 안국동 느티나무 카페에서 '삼성의 삼성에 의한 삼성을 위한 노무현 정부 의료산업화 반대 기자회견'을 가진 바 있다. 이 자리에서 단체들은 삼성생명이 작성한 '민영건강보험의 현황과 발전 방향'이라는 보고서를 공개했다. 이 보고서를 흔히 '삼성생명 의료민영화 전략보고서'라고 부른다.

보고서에 따르면 민영의료보험 발전 단계는 ① 정액방식의 암보험, ② 정액방식의 다질환 보장, ③ 후불방식의 준실손의료보험, ④ 실손의료보험, ⑤ 병원과 연계된 부분 경쟁형 보험, ⑥ 정부보험을 대체하는 포괄적 보험으로 구분된다고 되어 있다. 이에 맞춰 보면 우리나라는 현재 ④, ⑤ 단계에 해당하며 민간보험사 입장에서는 ⑥ 단계인 '정부보험을 대체하는 포괄적 보험'을 희망하는 상황이라고 볼 수 있을 것이다.

보고서에는 민영의료보험 모델을 총 3단계로 제시하는데 ① 공보험과 민영보험 간 협업 모형, ② 공보험과 민영보험 간 부분 경쟁 모형, ③ 공보험과 민영보험 간 완전 경쟁 모형이다.

공보험과 민영보험 간 협업 모형의 경우 급여 부분은 공보험이 제공하고 비급여는 보충적인 형태로 민영보험이 참여하는데 공보험과 민영보험 공동으로 또는 민영보험 단독으로 비급여 서비스를 제공하게 된다.

공보험과 민영보험 간 부분 경쟁 모형의 경우 공보험의 역할 재편이 필요한데, 공보험은 중증질환 중심으로 담당하고 경증질환은 공보험과 민영보험이 보충 보험 형태로 경쟁하는데 소비자가 선택하도록 하는 모형이다. 공보험과 민영보험 간 완전 경쟁 모형의 경우는 모든 진료비 부분에 대해 공보험과 민영보험이 경쟁하는 방식이다. 필수 기본 진료에 대해서는 공보험이나 민영보험에 가입하되 소비자가 선택하고, 부가 진료에 대해서는 임의로 가입하되 마찬가지로 소비자가 선택하게 하는 것이다.

보고서는 민영의료보험 모델로 전환하기 위한 전제 조건들을 서술하고 있다. 세 가지 모형에 공통적으로 반복되는 내용이 '진료정보와 심사정보를 공보험과 민간보험이 상호 공유'하는 것이다.

'진료비 지급방식의 개선'에 대해서도 언급하는데, 현재 병원-환자 간에만 정보가 교류되는 것을 보험사-병원 간의 정보 교류도 가능하도록 하는 것이다. 궁극적으로 '공보험의 요양기관 당연지정제도를 폐지'하고 자유계약 제도로 전환하는 것인데, 이는 '민영의료보험의 전환점'이라고 서술한다.[36]

보험업계는 기존 보험 시장의 포화상태에서 외국계 보험회사의 국내 시장 진출로 인한 난국을 건강보험 시장에 진출하는 방식으로 보상하려고 한다. 그런 보고서가 나온 배경에는 이런 상황이 있다.[37]

36) 민병두, 「삼성생명의 의료민영화 전략과 보험정보원 설립의 문제점」, 『대한병원협회지』, 2013. 3~4월호.
37) 송태수, 「정부―기업 관계의 변화와 '삼성공화국'론: 의료민영화를 중심으로」, 『다시, 삼성을 묻는다: 삼성과 한국 사회의 선택, 제6차 토론회 삼성의 사회적 지배와 비용』, 토론회자료집, 2014. 2. 21., p.30.

제3장

삼성의
헬스케어사업
진출 현황

현재 삼성그룹에 속한 수많은 계열사들은 다양한 영역에서 헬스케어사업에 참여하고 있다. 2000년대 중반 무렵 전자 산업의 뒤를 이을 미래 먹거리를 찾아 나서기 이전에도 삼성은 삼성생명과 삼성화재를 필두로 일찌감치 보험업에 뛰어들어 업계 1위의 자리를 차지했고 1980년대에는 GE와 합작하여 의료기기 사업에 잠깐 관심을 보이기도 했다.

이건희 회장은 삼성이 본격적으로 헬스케어사업에 진출하기 오래전에 다음과 같이 얘기를 한 적이 있다.

"의료기는 GE의 웰치하고 지멘스, 일본 몇몇 기업이 단합하고 있는데 이들이 인류의 역적이다. 5만 달러, 8만 달러면 양산할 수 있는 것을 50만 달러, 100만 달러 받고 있다. 아무리 따져 봐도 원가 5만 달러 이상 들 수가 없다. 의료기에서 폭리해서 사람 생명 팔아먹는 것, 이것은 노예를 파는 인간과 다를 바가 없다. 이것은 안 된다."[1]

삼성이 하면 더 싸게 의료기기를 제공할 수 있다는 얘기로, 진작부터 이

---

1) 강준만, 『이건희 시대』, 인물과 사상사, 2005, p.71, (재인용).

분야에 대해 관심을 갖고 있었으나 본격적인 사업 진행을 미루고 있었던 것으로 보인다.

삼성은 한겨레신문 칼럼에 대한 반박문에서 삼성의 의료 분야 관련 사업의 역사에 대해 설명한다. 1980년대 미국 GE의 의료기기 국내 판매를 대행하다가 1984년 삼성 이병철 회장의 지시로 GE와 합작으로 '삼성의료기기'를 설립했고 1986년 수원에 공장까지 건설하였으나 이후 양사 간 협의를 거쳐 순차적으로 사업을 정리했으며 IMF 직후인 1999년 삼성의 보유지분을 매각하였다고 했다. 이후 삼성과 GE는 1990년대 지분 재조정을 하면서 삼성이 향후 일정 기간 관련 사업에 진출하지 않는다고 계약을 맺었는데, 2007년경 이 계약이 풀리면서 자연스럽게 의료기기 사업에 다시 진출하게 되었다고 설명했다.[2]

1990년대 중반에는 삼성서울병원을 개원하였으나 헬스케어사업에 본격적인 관심을 보이기 시작한 것은 한참 후이다. 삼성이 본격적으로 이 분야에 뛰어든 것은 2000년대 중반 이후로 2000년대 중반 신수종 사업에 대한 모색 단계를 거쳐 2010년 '비전 2020'을 발표하면서 바이오사업, 의료기기사업, 원격의료 관련 사업, 의료정보 관련 사업 등 헬스케어사업 전반에 대해 공세적인 투자를 시작했다. 관심의 정도와 참여 수준으로 볼 때 삼성그룹 차원의 전략적 판단과 실행 없이는 불가능한 일로 보인다. 이 장에서는 삼성이 어떤 영역에서 어떤 방식으로 헬스케어사업에 참여하고 있는지 구체적인 사례를 쫓아 추적한다.

---

2) 삼성이야기, 「한겨레의 원격의료 삼성 배후 의혹에 대해 설명드립니다」, 삼성그룹 블로그(http://blog.samsung.com/4528/).

삼성그룹 전체의 사업이 워낙 방대하여 이를 전부 확인하기는 쉽지 않다. 가능한 범위 내에서 삼성 계열사들의 헬스케어 관련 사업들을 조사하였는데 빠진 부분도 있을 것이고, 최근 변동 사항들이 반영되지 못한 부분도 있을 것으로 보인다.

삼성병원과 병원 관련 사업

삼성의 병원사업 진출은 1994년 11월 삼성서울병원을 개원하면서 본격적으로 시작되었다. 기존에도 고려병원과 마산고려병원이라는 병원이 있었으나 그룹 차원의 사업은 아니었다.[3] 삼성서울병원을 개원하면서 고려병원과 마산고려병원은 강북삼성병원과 마산삼성병원(나중에 삼성창원병원으로 개칭)으로 이름을 바꾸었다.

삼성은 병원 경영에서도 바람을 일으켰다. 삼성은 개원 전 대규모 설문조사를 실시해 대형병원에서 가장 많이 이용하는 곳이 장례식장이라는 설문 결과에 따라 장례식장을 화려하게 만들고 내부 시설 공사 등을 통해 고스톱, 소음, 향냄새 등을 최소화했다.[4] 이건희 회장은 공사 도중 장례식장이 생각처럼 되지 않는 것을 보고 다시 공사하도록 지시하였으며 개원 준비 과정도 진두지휘하였다고 한다.

---

3) 고려병원은 1968년, 마산고려병원은 1981년에 개원했다. 두 병원은 1994년 12월 정식으로 삼성그룹에 편입되었다. 이와는 별도로 삼성제일병원은 1996년 삼성그룹에 편입되었다가 2005년 11월 그룹에서 분리되어 나왔다.

4) 송윤경, 영리자회사 통해 의료민영화 '우회로' 연 정부…배후엔 '의산복합체', 경향신문, 2013. 12. 29.

삼성병원은 보호자, 기다림, 촌지가 없는 삼무병원을 표방하면서 환자에 대해 고객이라는 개념을 처음 도입하여 병원계에 신선한 바람을 일으키기도 했다.[5] 삼성이 하면 역시 다르다는 생각을 불러일으키기에 충분했다. 이건희 회장은 평소 다큐멘터리를 좋아했는데 2007년부터 방영하는 EBS의 '명의'라는 시사교양프로그램을 좋아하여 의료사업 일류화에 의욕을 보였다고 한다.[6]

삼성그룹의 병원계 진출은 현대그룹보다 5년 늦었다. 현대그룹은 1989년 6월 서울 풍납동에 서울중앙병원이라는 이름으로 개원했다가 서울아산병원으로 개칭했다. 서울아산병원의 개원은 재벌의 병원 진출 신호탄이었다. 1994년 삼성서울병원이 개원했고, 대우그룹이 아주대 병원을 설립했으며, 1996년에는 한진재단이 인하대 병원을 개원했고, 이후 중앙대를 인수한 두산그룹은 중앙대 병원을 경영하게 되었다.

서울아산병원과 삼성서울병원은 막강한 자금력을 바탕으로 우수한 인력을 확보하고 최신 장비를 갖추면서 단기간에 기존의 대학 병원들을 압도하기 시작했다. 재벌 병원에 환자를 뺏긴 대학 병원들 역시 시설 투자에 나서면서 대형화, 고급화 경쟁이 불붙었다. 재벌들의 병원 진출로 병원계의 '군비경쟁'이 시작되었다. 연세대의 신촌 세브란스 병원이나 가톨릭 성모병원, 건국대 병원 등이 병원 건물을 신축하면서 확장에 나섰고 다른 대학 병원들도 다양하게 대응했다. 대학 병원들의 추격에 삼성병원은 700병상 규모의 암센터를 신축하고[7] 아산병원은 800병상 규모의 신관을 신축하면서 대

---

5) 조일훈, 『이건희 개혁 20년 또 다른 도전』, 김영사, 2013, p.255.

6) 조일훈, 『이건희 개혁 20년 또 다른 도전』, 김영사, 2013, p.203.

응했다.[8]

이러한 변화에 따라 일반 대학 병원 환자들은 재벌 병원으로, 중소 병원 환자들은 대학 병원으로 연쇄 이동이 일어나면서 중소 병원들의 경영난이 가중되었다. 그러다 보니 경영이 어려운 중소 병원들은 비급여 진료에 치중하거나 과잉진료에 나서게 되었다. 또한 이들은 경영 타개책으로 영리병원이나 부대사업 활성화 등에 관심을 돌리게 된다.

치료 중심, 고가 의료장비 중심, 과잉진료, 급성치료병상의 과잉, 의료전달체계의 혼란과 미비 등 우리나라 의료공급체계 문제의 상당 부분이 재벌 병원들의 등장으로 가속화된 측면이 있다.[9]

삼성병원은 의료산업화라는 당시의 정책적 기대에도 적극적으로 대응했다. 2004년 삼성서울병원 개원 10주년 기자회견에서 이종철 원장은 의료산업화를 촉구하기도 했다. 삼성병원은 삼성경제연구소, 삼성종합기술원 등과 같이 2006년부터 바이오산업 태스크포스팀을 구성하여 활동하였는데 여기서 이미 바이오시밀러 사업에 대한 준비를 진행했다.

삼성은 2008년 8월 삼성의료원[10] 체제를 공식 출범시키고 그룹의 의료, 바이오 등 헬스케어 부문 관련 사업을 총괄하는 조직을 만들겠다고 밝힌 바 있다. 그러면서 삼성서울병원, 강북삼성병원, 마산삼성병원, 성균관의대, 삼성생명과학연구소, 인성의과학연구소 등 6개 기관을 묶어 삼성의료

---

7) 2008년 민간 병원 최초로 전문암센터로 개원하였으며 2013년 4월 암병원으로 승격되었다.

8) 김명희 외, 『의료사유화의 불편한 진실』, 후마니타스, 2010, pp.43~44.

9) 이상이 외, 『의료민영화 논쟁과 한국의료의 미래』, 2008, p.58.

10) 영문으로 Samsung Healthcare Group으로 표기한다.

원 체제로 편입하였으며 삼성서울병원장이었던 이종철 교수를 의료원장에 임명했다.

2009년 보건복지부가 지원하는 '선도형 연구중심병원 사업단'에 선정되었는데 사업단은 2019년까지 난치암을 치료할 수 있는 바이오신약을 개발하려는 계획을 갖고 있다. 난치암 정복 바이오신약 개발 연구에 5년간 총 450억 원을 투입하여 2개 이상 난치암 항암 분자 표적 항체치료제 개발 및 전임상시험을 완료하는 것을 목표로 하고 있다. 여기에는 삼성전자 종합기술원, 삼성테크윈 등 삼성 계열사와 여러 연구기관, 바이오제약사들이 공동 참여하고 있다.

2010년 4월에는 삼성SDS, 라이프테크노로지사와 공동으로 유전체 분석 및 치료, 진단서비스 사업에 뛰어들었다. 유전체 분석 사업은 삼성이 투자하는 분야 중 하나로 나중에 따로 언급하겠다.

2011년 삼성서울병원은 개원 17년 만에 처음으로 전반적인 경영진단을 받았다.[11] 일등을 지향하는 삼성의 눈으로 볼 때 삼성서울병원이 아직 기대에 못 미쳤는지 삼성그룹의 컨트롤타워인 미래전략실에서 삼성의료원에 대해 집중적인 외부 컨설팅과 자체 경영진단을 벌였다. 그 결과 이전의 통합적인 의료원 체제를 포기하는데 10월 25일 삼성그룹 인사를 통해 윤순봉 삼성석유화학 사장이 삼성서울병원 지원총괄사장으로 임명되며 동시에 삼성 내에 신설된 '의료사업일류화추진단'의 단장을 윤순봉 사장이 겸임하게 된다.

---

11) 이 시기는 2010년 5개 신수종 사업 계획을 발표하고 삼성그룹이 범그룹 차원에서 바이오, 헬스케어 분야 사업에 드라이브를 걸기 시작한 때이다. 바이오, 헬스케어 분야에 대한 본격적인 참여를 앞두고 센터 역할을 담당해야 할 삼성서울병원에 대한 정지 작업 차원에서 시행된 것으로 보인다.

이 추진단은 그룹 내에서 삼성의료원과 계열사 간에 헬스케어사업을 고리로 상호 협력을 효율적으로 추진하기 위해 신설한 것으로 보인다.

윤순봉 사장은 1979년 삼성에 입사하여 회장비서실, 삼성경제연구소, 삼성전략기획실 홍보팀장, 삼성물산 브랜드전략팀장을 거쳐 삼성석유화학 사장으로 근무하다가 삼성병원 지원총괄사장으로 발령이 났다. 이력을 보면 이전까지 의료, 헬스케어 쪽과 관계있는 분야는 없다. 그럼에도 이러한 중책을 맡게 된 것은 삼성의 인사 스타일을 반영하는 것으로 보인다. 김용철 변호사의 〈삼성을 생각한다〉에 보면 삼성은 계열사 사장을 임명할 때 해당사업에 대한 전문성을 고려하지 않는 경우도 많다고 한다. 사장은 구조조정본부의 지시사항을 전달하는 심부름꾼에 불과하다는 것이다.[12] 당시와 시간 차이가 있기는 하지만 이건희 체제 아래서 인사스타일이 크게 바뀌지는 않았을 것으로 보이며 단지 구조조정본부가 미래기획실로 바뀌었을 뿐이다. 윤순봉 체제 출범은 이종철 전 의료원장에 대한 문책임과 동시에 그룹 차원에서 삼성서울병원을 직접 관리하겠다는 의지의 표현이기도 하다. 삼성 차원의 대규모 헬스케어 분야 투자에 대비한 것으로 보인다.

기존 삼성의료원 체제의 이종철 원장은 퇴임하였는데 후임을 임명하지 않아 의료원 체제는 사실상 무력화되고 윤순봉 사장의 추진단이 그 역할을 이어받았다. 의사가 아닌 전문 경영진이 병원의 경영을 사실상 책임지는 첫 사례가 되었다. 전문경영진의 배치로 삼성서울병원은 삼성그룹 헬스케어 산업의 최전선으로서의 위상을 더욱 공고히 하게 되었다. 윤순봉 사장 취임

---

12) 김용철, 『삼성을 생각한다』, 사회평론, 2010, p.143.

4~5개월 후인 2012년 3월에야 삼성서울병원장에 송재훈 교수가 취임했다.

삼성서울병원은 2012년 9월 11일 기자간담회를 통해 '비전 2020: 환자 행복을 위한 의료혁신'을 내용으로 하는 비전을 선포했다.[13] 비전 2020을 실현해 가기 위한 7대 핵심 전략으로 ① 20×20 프로젝트를 통한 세계 최고, 최초 기술의 구현, ② 암, 심혈관, 뇌신경, 장기이식 등 1*3 센터의 집중 육성, ③ 진료 특성화 센터 중심으로 진료 시스템 혁신, ④ IT 혁신을 통한 스마트 병원 구현, ⑤ 새로운 부지 개발을 통한 메디컬 콤플렉스의 완성, ⑥ SMC 경험의 최적화를 통한 환자행복의 구현, ⑦ 바이오 헬스케어 연구 활성화를 통한 신사업 생태계 구축 등을 수립했다.

비전의 가장 중요한 핵심은 '삼성 글로벌 프로티어 프로젝트 20×20'으로 20개의 의료기술을 선정해 집중 투자하여 2020년까지 세계적인 의료기술로 성장시키겠다는 것이다.[14] 삼성서울병원이 병원, 연구소, 학계, 기업체를 연결하는 바이오 헬스케어 연구와 연계산업의 글로벌 허브 역할을 지향한다는 점을 강조한다.

병원은 환자 중심 통합진료시스템 구축, 국내 첫 중환자의학과 설립, 하버드식 중환자 치료 시스템 도입, 새로운 응급실 시스템 구축 등의 변화를 모색하고, 병원 내 RFID 시스템을 구축하고 스마트폰과 연동할 수 있도록 모바일 어플리케이션을 만드는 등 스마트 병원 구축에 나서고 있다. 그리고 500억 원에 달하는 최신 암치료기인 양성자 치료기 도입을 위한 공사를 마

---

13) 비전 2020은 세계적 병원과 경쟁을 위한 단순한 양적 경쟁 탈피, 중증질환 중심의 질적 발전을 도모, 선택과 집중으로 핵심 기술 개발 등으로 글로벌 경쟁력을 확보하기 위해 마련했다고 한다.

14) 권문수, 삼성서울병원 의료혁신 1년 만에 1천억대 적자? 시사메디IN, 2014. 5. 7.

치고 2015년부터는 진료를 시작할 예정이다.[15]

2013년 7월에는 삼성창원병원에 성균관의대 부속병원 신축사업을 계획하고 삼성그룹에서 1,600억 원을 투자하기로 했다. 향후 이 병원을 동남권의 유력한 병원으로 성장시키려는 계획을 세우고 있다.

2014년 삼성서울병원은 병원 내에 혁신센터를 새로 설립했다. 혁신센터는 미국 메이요클리닉의 혁신센터(CFI; Center of Innovation)[16], 2013년 설립된 아산병원의 이노베이션디자인센터를 벤치마킹한 것으로 보인다. 이 센터에서는 미래신사업, 글로벌사업기획, 경영효율화, 고객 중심의 혁신 등도 다룰 것으로 보여 단지 의료서비스디자인에만 국한되어 활동할 것으로 보이지 않는다.

삼성서울병원이 있는 강남구 일원동 일대에 삼성생명과학연구소, 임상의과학연구소, 삼성유전체연구소 등이 들어서 이 일대는 메디컬 클러스터가 조성될 예정이다. 일원역 근처에 삼성의료원과 연계한 외국인 환자용 호텔을 건축할 예정지가 있었으나 주민들의 반대로 무산되었다는 얘기도 있다. 현재 이곳에 삼성생명 사옥을 건립 중이어서 일원동 일대가 삼성 메디컬 단지가 되는 셈이다. 이러한 메디컬 콤플렉스를 통해 삼성서울병원은 병원과 연구, 교육, 기업체가 참여해 산학연을 바탕으로 하는 바이오, 헬스케어 산업의 글로벌 허브로 도약하기를 기대하고 있다.[17]

---

15) 국립암센터가 최초 도입한 기기로 삼성서울병원, 제주한라병원, 연세 암병원 등이 도입을 준비하고 있다.

16) 메이요클리닉의 혁신센터는 병원에서 의료서비스디자인을 주도하는 부서로 의료서비스에 디자인 개념을 도입하여 환자가 진료를 받는 데 불편함이 없도록 배려한다.

17) 장박원 외, 삼성서울병원, 의사 협업진료로 환자행복 추진, MK경제, 2013. 11. 5.

의료관광 사업과 해외 진출

2000년대 중반부터 시작된 의료관광이 신성장 동력 산업으로 지정되어 2009년 합법화되었다.[18] 성형을 위한 환자 유치뿐만 아니라 대형 병원들도 유치경쟁에 뛰어들었고 최근에는 지방자치단체들도 지역경제 활성화 차원에서 해외 환자 유치에 나서고 있다.

삼성서울병원도 의료관광사업에 관심을 갖고 외국인 환자 유치에 나서고 있는데 '현지화 전략', '의료 인프라 수출', '국제진료센터' 등 세 가지 축을 기반으로 하고 있다. 1995년 국제진료소를 개설해 매년 2만 명이 넘는 국내 거주 외국인 환자를 진료하고 있고, 해외 거주 외국인의 방문도 증가하고 있다. 2009년 주한 몽골대사관을 시작으로 해외 정부, 의료기관과 의료협력에 관한 협약을 체결해 왔다. 2009년 8월 러시아 블라디보스토크 시와 환자 유치에 관한 양해각서를 체결했는데, 러시아 환자가 해외 환자 중 가장 많은 비중을 차지한다. 이전에는 환자 유치 타깃 국가로 러시아를 정하고 마케팅을 집중했는데, 최근에는 중국에 대한 마케팅도 강화하고 있다. 2010년 해외 왕족, 부호, CEO 등을 대상으로 한 건강검진 서비스(International CEO Health Program)도 선보였다.[19] 삼성서울병원은 통역사와 전문코디네이터를 두고 24시간 응대할 수 있는 시스템도 갖추고 있다.

호텔과 연계하여 건강검진을 제공하는 프로그램도 제공한다. 해외 환자가 국내 호텔에서 숙식하는 동안 건강검진도 받고 남는 시간에 관광도 할 수

---

18) 2009년 '의료관광비자'가 신설되었다. 정부는 2020년 의료관광객 100만 명 달성을 목표로 삼고 있다.

19) 우나, 한국의료관광 선도병원(상), 중앙일보헬스미디어, 201. 5. 25.

있도록 패기지로 제공하기도 한다. 2013년 메디텔 허용법이 통과되었기 때문에 이제는 대형 병원들이 직접 메디텔을 설립하여 운영할 수 있는 여건이 마련된 셈이다.

삼성서울병원은 중동 지역 중심으로 해외 진출에도 나서고 있다. 2010년 4월 삼성의료원은 두바이 헬스케어시티 구역 내에 두바이 메디컬센터를 열었는데, 6개 진료실과 내시경실, 심장초음파실, 회복실, 처치실 등을 갖추었으며 국내 의료진을 파견하여 화상 진료를 통한 협진시스템을 가동하고 있다. 두바이 정부는 자국 환자의 해외 공식 지정 병원으로 삼성서울병원을 선정하기도 하였다. 2013년 9월에는 사우디아라비아 킹파드 왕립 병원과 기술 이전을 포함한 연구 협력 사업을 추진하는 협약을 체결했다.

삼성그룹은 직접적인 병원 운영 외에 병원 건축 사업에도 뛰어들었다. 병원 건축은 삼성물산[20]의 건설 부문이 맡아서 하고 있는데 클리블랜드 클리닉 아부다비(CCAD)는 UAE 수도 아부다비에 삼성물산 컨소시엄이 2010년 공사를 시작하여 2014년 완공 예정이다. 삼성물산은 UAE에서 원자력발전소 시공에도 참여하고 있다.

삼성물산은 송도국제병원 건설 사업에도 참여하고자 했다. 2011년 3월 인천시는 송도국제병원 설립 우선협상대상자로 삼성물산 등이 주도한 ISIH 컨소시엄(삼성물산, 삼성증권, KT&G, 일본 다이와증권)을 선정하였으나 사업은 진척되지 않았다. 삼성물산은 송도에 자리 잡은 삼성바이오로직스에도 지분 참여한 상태였다.

---

20) 삼성물산은 삼성그룹의 중간지주회사 정도의 역할을 담당하는데 2011년 3월 주주총회에서 '의료용품, 의료기기 제조와 판매업'(상사 부문)을 사업 목적으로 정관에 추가했다.

병원 물류 사업

삼성은 병원에 의약품, 장비, 시약 등을 공급하는 물류 사업에 진출하기도 했다. 2000년 4월 설립된 케어캠프는 진료 재료를 비롯한 의약품, 의료 장비, 진단시약 등을 중개하는 회사로 삼성그룹 계열사인 삼성물산이 대주주로서 지분을 갖고 있었고 삼성그룹 계열인 삼성의료원에 독점적으로 물품을 공급하면서 급성장하여 연매출이 3,000억 원 안팎 될 것으로 추정되었다.

삼성물산은 2014년 6월 국내 최대 의약품 유통기업인 지오영에 보유 지분을 넘기기로 계약을 체결하였는데 잘나가는 자회사를 다른 기업에 넘긴 이유는 '계열사 간 일감 몰아주기', '대기업의 골목상권 진입'이라는 사회적 비난에 부담을 느끼는 상황인데다, 2012년 6월 약사법이 개정되면서 '의약품 도매상은 특수 관계에 있는 의료기관에 의약품을 공급할 수 없다.'는 규정이 생겼기 때문으로 보인다.[21] 결국 삼성은 여기서 철수했다.

삼성의 바이오제약 진출

삼성의 5개 신수종 사업 계획안에 따르면 장기적으로 2020년까지 2조 1,000억 원을 바이오제약 분야에 투자할 예정이며 이러한 투자를 통해 의약품 부문에서 2020년까지 1조 8,000억 원에 달하는 매출을 올리겠다는 계획

---

21) 박준식, 삼성 의료 MRO 케어캠프 매각한다, 머니투데이, 2014. 3. 18.

을 밝힌 바 있다.

삼성그룹은 5대 신수종 사업 중에서 바이오시밀러를 첫 번째 사업으로 정하고 이를 수행할 회사로 2011년 삼성바이오로직스를 설립했다.

바이오시밀러는 사람이나 다른 생물체에서 유래된 세포, 조직, 호르몬 등의 유효물질을 이용하여 유전자 재조합 또는 세포 배양 기술을 통해 분자생물학적 기법으로 개발한 의약품인 바이오의약품의 복제약을 지칭한다. 바이오시밀러는 이미 제조·판매되어 사용되는 의약품을 복제하는 것이므로 오리지널 의약품의 특허 기간이 끝나기를 기다려야 하는 문제가 있다. 그러나 개발비용이 오리지널 의약품에 비해 10분의 1 정도 수준이고 개발기간도 훨씬 짧으며 성공률도 높기 때문에 투자대비 효율이 높다. 현재 팔리는 바이오의약품은 하나당 7~10조 정도의 시장을 형성하고 있다.

전체 의약품 시장에서 바이오시밀러가 차지하는 비중은 10~15% 정도로 낮지만 기존의 합성화학 의약품에 비해 5~10배 정도 비싸다. 또 다른 치료제에 반응하지 않는 중증 환자에서 수요가 늘고 있으며 블록버스터급 바이오의약품의 특허 만료 시기가 가까워지고 있어 바이오시밀러 시장은 고성장을 구가할 것으로 보인다. 그러나 바이오시밀러는 개발해서 상용화하기까지 보통 5년 이상이 걸리기 때문에 당장은 효과를 보기 어렵고 수익을 내기도 어렵다.

삼성바이오로직스는 삼성그룹과 글로벌 신약개발 전문업체인 퀸타일즈(Quintiles)[22]의 합작으로 설립되었으며, 주로 특허가 만료된 의약품의 복제 의약품을 생산하는 것이 목적이다. 이 회사는 삼성전자(40%)와 삼성에버랜드(40%)가 최대주주로 올라 있고 삼성물산(10%)도 참여하고 있는데 퀸타일

즈(10%)의 지분은 미미하여 경영권은 삼성이 쥐고 있다.[23]

삼성그룹의 바이오제약 진출은 3단계 과정으로 추진된다. 1단계는 2013년 상반기부터 3만 리터 규모의 동물세포배양기를 가동하고 다국적 제약회사들의 바이오의약품 위탁생산(CMO)을 시작해 생산기술을 확보하고, 2단계는 2016년부터 자체 개발한 바이오시밀러 의약품을 판매하는 것이다. 3단계는 바이오신약을 직접 개발해 세계적인 종합바이오제약서비스 기업으로 성장하겠다는 구상이다.[24]

삼성바이오로직스는 인천 송도 경제자유구역에 바이오의약품을 생산하는 공장을 건설하고 계획에 따라 바이오의약품 위탁생산(CMO)을 첫 사업 아이템으로 삼는다. 송도 공장에는 공정 개발에서부터 원료의약품 및 완제 의약품 생산까지 한 곳에서 가능한 일관 생산시스템을 갖추고 있다. 삼성은 2013년부터 가동 중인 3만 리터의 제1 공장에 이어 2015년 15만 리터의 제2 공장이 완성되면 총 18만 리터의 생산 규모를 갖추게 된다.

바이오의약품 위탁 생산의 경우 스위스 론자(Lonza, 24만 리터)와 독일 베링거잉겔하임(22만 리터)이 시장을 장악하고 있는데, 2015년이면 삼성은 이 분야에서 세계 3위 업체로 부상하게 된다. 삼성은 시간이 걸리는 바이오시밀러나 신약 개발에 앞서 우선적으로 연구개발이 완료된 의약품을 주문

---

22) 퀸타일즈는 1982년 설립된 제약 헬스케어 전문 서비스업체로 세계 60여 개국에 2만 명의 전문 인력을 두고 제약사와 바이오기업들의 의약품 개발 서비스를 제공하는 전문 제약 연구기관이다. 2010년 매출액이 30억 달러에 달하는 세계 최고 수준의 연구기업이다.(HMC투자증권 보고서)

23) 2014년 6월 3일 삼성에버랜드는 이사회를 통해 상장을 추진한다고 밝혔다. 이 시점에 삼성바이오로직스의 지분 중에서 삼성에버랜드가 44.5%, 삼성전자가 44.5%, 삼성물산이 7.3%, 퀸타일즈가 3.7%를 보유하고 있다.

24) HMC투자증권, 「삼성그룹의 바이오제약 산업 도전」, 2011. 2. 28.

받아 대리 생산해 주는 '위탁생산'에 주력하고 있는 것이다. 바이오의약품 위탁 생산 시장 규모는 2014년 35억 달러에서 2017년에는 48억 달러까지 증가할 것으로 전망된다.

삼성바이오로직스는 브리스톨 마이어스 스퀴브사(BMS)와 2013년 7월 흑색종 치료제 항체 항암제 생산 계약을 체결한 바 있으며 2014년 4월에는 생산 협력 범위 확대 계약을 체결했다. 이에 따라 삼성은 송도 공장에서 BMS의 상업용 원료의약품과 완제의약품을 생산하게 되었다. 2013년 10월에 삼성은 스위스 제약회사인 로슈와도 위탁 생산 계약을 맺었다.

삼성은 바이오의약품 위탁생산 사업과 함께 2단계에 해당하는 바이오시밀러 개발을 병행하고 있다. 현재 삼성은 첫 번째 바이오시밀러로 2015년 특허가 만료되는 림프종 치료제 '리툭산' 시밀러를 개발하고 있다.

또한 삼성바이오로직스는 자회사인 삼성바이오에피스[25]와 협력하여 화이자의 류머티즘성 관절염 치료제인 '엔브렐' 바이오시밀러에 대한 유럽 및 글로벌 임상시험에 나섰다.[26] 이 외에도 류머티즘성 관절염 치료제인 '레미케이드', 유방암 치료제인 '허셉틴'도 임상시험 중이다. 이러한 바이오시밀러 사업은 이 분야에 먼저 뛰어든 국내 회사들과의 경쟁에 직면해 있다.[27] 2014년 현재 삼성은 바이오시밀러 6종을 개발하고 2종에 대해 임상시험을 진행하고 있다. 삼성바이오로직스는 아직 안정적인 수익을 내지 못하고 있

---

25) 삼성바이오로직스가 미국 바이오젠아이텍과 공동으로 2012년 설립한 합작법인으로 신약개발이 주업무이다.

26) 엔브렐 바이오시밀러는 2016년 출시 예정이다.

27) 삼성보다 먼저 바이오시밀러 사업에 뛰어든 셀트리온도 허셉틴, 레미케이드 생산을 준비하고 있고 한화케미칼, LG생명과학은 엔브렐에 대한 임상시험을 진행하고 있다.

어 당분간은 계속 적자를 낼 것으로 보인다.[28]

삼성이 바이오의약품 위탁생산이나 바이오시밀러 개발에만 머물지 않을 것이라는 사실은 쉽게 알 수 있다. 궁극적으로 3단계에 해당하는 신약 개발 사업에 뛰어들 것이고 이미 이에 대해 장기적인 준비를 진행하는 것으로 보인다.

삼성바이오에피스는 삼성바이오로직스가 지분의 85%를, 미국 바이오젠 아이덱이 15%를 가지고 2012년 설립된 회사로 의약품의 연구개발을 담당하고 있다. 현재는 주로 바이오시밀러 등의 연구개발을 진행하고 있으며, 연구개발이 마무리되고 제품화가 이루어지면 삼성바이오로직스가 생산을 담당하게 된다. 2014년에는 머크와 당뇨치료제 공동개발 및 상품화 계약을 체결하였으며 마케팅 협력사로 미국과 유럽에서 마케팅을 담당할 예정이다.

의료기기 산업

삼성은 의료기기 분야에 대한 관심을 갖고 1984년 GE와 합작하여 GE삼성의료기기를 설립하였으나 1997년 외환위기를 겪으면서 이 분야에서 철수한 바 있다.

2010년 5월 발표한 삼성그룹의 5개 신수종 투자 계획안에 의하면 2020년까지 의료기기 사업 분야에 총 1조 2천억 원을 투자하고 매출 10조 원, 고

---

28) 금융감독원 전자공시에 따르면 2012년 약 744억 원, 2013년 약 1,408억 원의 당기순손실을 보이고 있다. 신약 개발사인 삼성바이오에피스의 당기순손실은 2012년 약 391억 원, 2013년 약 782억 원이다.

용 9,500명을 예상한다고 되어 있다.

헬스케어 분야에서 삼성의 기존 전자사업과 관련하여 가장 밀접한 분야가 의료기기 분야이다. 의료장비들이 첨단화하면서 전자장비의 성격이 강화되고 있기 때문이다. 삼성전자는 2009년 의료기기 사업을 수행하는 HME(Health & Medical Equipment) 사업팀을 신설했다. 이 팀은 2011년 12월에 의료기기 사업팀으로 확대되었고 2012년 12월에는 의료기기사업부로 확대 개편되었다.

삼성은 의료기기 분야 사업에 진출해서 몸집을 불리면서 과감하게 기존의 의료기기 회사들을 인수합병하고 있다. 2010년 삼성은 의료용 초음파 업체인 메디슨을 인수함으로써 의료기기 사업 진출을 위한 발판을 마련했다. 이후에 외형적으로도 성장세를 보이고 있으나 큰 이익이 나지는 않고 있다. 2012년 30억여 원 가량 적자를 기록했고, 2013년에도 매출이 전년 대비 100억여 원 감소하여 수지가 악화되었다. 결국 삼성그룹 미래전략실은 메디슨을 인수한 이후 처음으로 경영진단(감사)을 진행하기에 이른다. 미래전략실 경영진단팀은 2014년 1월 말 감사에 착수하여 삼성메디슨 제품들이 세계 일류 품질 수준에 미달한다는 판단에 따라 해외법인을 모두 정리하고 삼성전자 현지 법인에 편입시켰다.

삼성전자는 2010년 엑스레이 업체인 '레이'를 인수하였고 2011년에는 심장질환 진단 솔루션 업체인 미국의 '넥서스'를, 2013년 1월에는 미국의 컴퓨터 단층촬영(CT) 전문업체 뉴로로지카(NeuroLogica)를 차례로 인수하면서 의료기기 분야 진출을 본격화했다.

삼성은 다양한 의료 기기의 품목허가를 식품의약품안전처로부터 받아 내면서 의료기기 기반 기술을 쌓아 나가고 있다. 2009년 12월 '혈액검사용 기기(Samsung IVD-A10A blood test device)' 제조품목허가를 받았는데 이 기기는 CD 크기 정도의 디스크에 혈액을 약간 주입한 후 혈당, 콜레스테롤 수치 등 총 19개 항목을 12분 만에 검사할 수 있다고 한다. 이 기기는 4년간 삼성종합기술원과 삼성전자 HME사업팀이 300억 원의 연구개발비를 투입하여 공동으로 개발했다고 한다. 삼성이 의료기기사업에 진출한 초기에 발표한 제품인 셈이다. 2011년 8월에는 '카드형 혈압계'의 품목허가를 받았는데 기존의 혈압계와는 다른 방식으로 혈압을 측정하고, 측정값을 스마트폰으로 전송할 수 있도록 되어 있다.

2013년 3월에 허가받은 '내장기능 검사용 기기(모델명 SH-V20H 등)'는 혈당, 혈압, 체중 등 기기를 통해 얻은 데이터를 기반으로 사용자의 건강평가 관리를 위해 사용자나 의료인에게 정보를 제공하는 소프트웨어이다.

2013년 10월에 허가받은 '휴대용 의료영상전송장치SW(모델명 Samsung MoVue)'는 의료영상 저장장치에 저장된 의료영상을 의료진의 스마트폰 등 이동장치로 전송해 조회, 확대, 축소 등의 기능이 구현되는 소프트웨어이다.

이 외에도 삼성은 유헬스 게이트웨이도 제품 허가를 받았으며 의료정보 전문업체와 공동으로 갤럭시탭을 이용한 '모바일 병원서비스 사업'을 위한 솔루션도 개발 중이다. 삼성전자가 최근 개발한 의료기기들은 원격진료를 기반으로 한 유헬스에 초점이 맞춰져 있음을 알 수 있다.

2014년 3월에 삼성은 코엑스에서 열린 제30회 'KIMES 2014(국제 의료기기 & 병원설비 전시회)에 참가해 14종의 의료기기와 헬스케어 솔루션을 전시했다. 영상 품질을 한층 개선하고 무선 디텍터와 이미지 엔진을 탑재한 디지털 엑스레이, 산부인과용 프리미엄 초음파 진단기, 현장 진단용 초음파 기기, 수술 중에 환자의 이동 없이 수술실에서 촬영이 가능한 이동형 CT 등을 선보였고 'B2B 토탈 헬스케어 솔루션' 존에서는 병원의 목적에 따라 3D TV, 시스템에어컨, 프린트 등 다양한 제품들을 이용하여 혁신적인 의료 환경을 조성할 수 있는 토탈 솔루션을 소개하기도 했다.[29]

삼성그룹 차원의 헬스케어 분야 역량 강화에 따라 많은 계열사들이 자기 사업과 연관된 분야에서 헬스케어 관련 사업들을 시도하기는 하나 뚜렷한 성과를 내지 못하는 기업들도 있다.

삼성계열사 중에서 삼성테크윈은 보안, 방위산업 정밀제어 등 반도체 부품 등의 분야에서 사업을 펼쳐 왔으나 헬스케어와 관련해 혈액 분석 장비, 유전자 진단 장비, 진단 시약 생산 등의 사업을 추진했다. 2009년 미국 조지타운 대학이 소유한 유전자 분석 관련 특허 3건에 대한 라이센스 계약을 체결한 바 있다. 2010년 4월 판교 R&D센터를 완공하였는데 이곳과 미국 메릴랜드 연구소 두 곳에서 시약과 검사 장비 개발을 진행했다. 상용제품 출시를 목표로 간염, 간암 및 에이즈(AIDS) 진단 검사 시약 개발을 시도하였으나 눈에 띄는 성과를 올리지는 못했다. 삼성테크윈은 2011년 삼성그룹 자체 감사에서 내부 비리사건이 터지면서 위기를 맞게 되었으며 실적도 악화되었다. 2013년 사업다각화에서 선택과 집중으로 성장전략을 변경하면서 바이오 관련 사업은 철수하였다.

---

29) 보도자료, 삼성전자, 제30회 KIMES 2014 참가, 연합뉴스, 2014. 3. 13.

또 다른 삼성계열사인 삼성전기는 삼성전자가 만드는 전자제품에 들어가는 부품 중 디스플레이와 2차 전지를 제외한 대부분의 제품을 생산한다. 2007년 바이오, 환경, 에너지 분야 등에서 신성장 동력을 확보하겠다고 밝히고 태스크포스팀을 구성해 사업성 있는 아이템을 발굴해 왔다. 첫 사업이 생체모사세포칩(bio-inspired cell chip) 기술이다. 2008년 의료바이오 신사업 창출을 위해 삼성전기는 삼성서울병원, KAIST와 공동으로 '세포벤치(bench) 연구센터'[30]를 설립하여 생체모사세포칩을 이용한 개인별 항암제 발굴 및 임상적용 기술을 개발한다고 했는데,[31] 그 이후에 들려오는 소식은 없다.

삼성의 의료기기 사업 분야 진출이 확대되면서 관련 인력의 확보가 중요한 과제로 떠올랐다. 정부에서도 관련 인력의 육성을 위해 대학원 설립을 지원하는데 2013년 처음으로 의료기기에 특화된 국내 최초의 석·박사급 학위과정으로 '의료기기 산업 특성화대학원'을 설치하게 된다.

2013년 1월 31일 보건복지부와 한국보건산업진흥원은 대학원에 대한 사업 설명회를 갖고 향후 추진 방향을 설명하면서 1개 대학을 정해 향후 3년 8개월간 정부 기금을 지원한다고 발표했다. 당시 성균관대는 서울대와 함께 첫 번째 의료기기 산업 특성화대학원 지원 사업에 도전했다가 동국대에 밀려 탈락의 고배를 마셨다.

2013년 하반기에 개설된 동국대 의료기기 산업 특성화대학원 1기 모집 시에는 삼성 관계자 4명이 입학했는데 2기 모집에는 삼성 관계자가 한 명도

---

30) '세포벤치'란 세포와 반도체가 결합된 세포칩을 개발하고 이를 위해 세포를 처리하는 장치를 말한다.
31) 보도자료, 삼성전기, KAIST에 세포벤치연구센터 설립, 연합뉴스, 2008. 11. 18.

지원하지 않았다. 당시에 성균관대에도 의료기기 산업 특성화대학원이 설치될 것이기 때문에 삼성에서 지원하지 않았을 거라는 추측이 있었고 이에 근거하여 삼성과 정부 간 사전 교감설이 제기되기도 하였다.[32] 실제로 2014년 초 2차 공모가 있었고 4월 12일 심사 결과 성균관대학교가 선정되었다고 발표했다.

성균관대는 의료기기 산업 특성화대학원 설립 첫해인 2014년 3억 원을 비롯해 연차 평가 결과 등을 토대로 오는 2017년까지 약 20억 원을 지원받는다. 대학원은 삼성서울병원에 위치한 삼성융합의과학원 내에 설치하고 의료기기 업체 등과 사업협약 체결 및 학과개설 등을 거쳐 20명의 신입생을 모집하여 2014년 9월부터 학기를 시작한다.

특성화대학원과 관련하여 많은 우려가 있는 것이 사실이다. 이 대학원이 삼성이 전략적으로 추진하는 의료기기 산업에 필요한 전문 인력을 양성하는 곳으로 전락할지도 모른다는 이야기가 들린다. 국가 지원으로 양성하는 전문 인력들을 삼성이 독점하게 될지도 모른다는 우려 때문이다. 대학원 설립 과정부터 양성된 인력의 배치까지 삼성에 대한 특혜라는 시각이다.

유헬스, 디지털헬스, 모바일헬스 분야

2003년 삼성은 신경영 10주년을 맞아 미래 성장 동력 사업으로 유헬스

---

32) 이영주. 삼성의료기기 논란의 중심에 서다. 헬스코리아뉴스. 2014. 4. 17.

를 지목하고 삼성전자 디지털솔루션 내에 'U 헬스팀'을 발족시킨 바 있다. 오래전부터 유헬스 분야에 관심을 가져온 셈이다.

　유헬스는 건강관리 분야, 원격진료 분야, 기반 기술 분야로 구분된다. 건강관리 분야의 경우 체온, 맥박, 혈압 등 생체신호를 감지하여 통신기기를 통해 보내면 이에 대한 평가 결과를 알려 줘서 스스로 관리할 수 있도록 하는 것이다. 원격진료 분야는 통신으로 의료진과 환자를 연결해 진단이나 치료 등의 의료행위를 할 수 있도록 하는 것이다. 기반 기술 분야는 환자 기록 관리, 전자 처방전, 의료기기 제어 등을 포함하는 것으로 건강관리와 원격의료를 보완하는 성격이 강하다. 유헬스에 대한 관심이 늘면서 이에 대한 특허도 증가하는데, 삼성은 유헬스 관련 특허를 가장 많이 갖고 있다.

　디지털헬스는 헬스케어 기능에 모바일, 웨어러블 등의 기능을 부가한 비즈니스 모델이고 모바일헬스는 스마트폰과 같은 모바일기기로 건강을 관리하는 서비스를 말한다.

　유헬스 산업 밸류 체인에 따른 삼성그룹의 관련 회사들을 보면 삼성전자, 삼성종합기술원, 삼성테크윈 등은 단말기제조회사(의료기기업체)로, 삼성SDS는 솔루션제공자(SI 업체)로, 삼성네트웍스는 통신서비스제공자(Telco)로, 삼성의료원은 의료서비스 제공자(의료기관 등)로, 삼성생명은 재정적 중개자(보험사)로 각각 역할을 나눠 맡는다.[33]

　삼성SDS는 삼성의료원과 함께 다양한 모델을 개발하는데 화장실 비데에 소변 검사기를 달아서 이를 통해 환자 상태를 모니터하고 이상이 발견

---

33) KT 경제경영연구소, 「U-헬스 시장을 향한 ICT 업계의 본격화된 경쟁」, Digieco Report, 2010. 8. 2.

되면 본인과 의료진에게 통보하는 모델과 같은 방식의 사업을 추진한 적도 있었다.

2014년 삼성전자 주주통신문에서 권오현 사장은 "미래 성장 동력 기반 확대를 위해 의료기기, LED, B2B 사업 이외에 고객 삶의 질 향상을 위한 라이프케어 분야로 스마트홈과 모바일헬스 분야에 자원과 역량을 집중하고 있다."고 밝힌 바 있다.

여기서 모바일헬스는 결국 스마트폰에 헬스케어 기능을 부가하는 방식이 가능한데 이렇게 해서 나온 게 갤럭시S5이다. 이는 스마트폰 최초로 심박센서가 탑재되어 있어 이를 통해 실시간 심박수 체크가 가능하다. 그러나 이 제품은 식품의약품안전처에서 허가를 받는 과정에서 특혜 시비도 일었다. 김용익 의원이, 삼성전자 관계자가 2013년 12월과 2014년 1월 두 차례 식품의약품안전처 국, 과장을 만나 갤럭시S5를 의료기기에서 제외하는 고시 개정안을 직접 전달한 뒤 실제 관련 고시를 개정한 사실을 밝히면서 식품의약품안전처가 삼성전자의 갤럭시S5 관련 특혜를 제공했다는 의혹이 일었다. 갤럭시S5에 탑재된 심박센서는 기존 규정에 의하면 의료기기로 분류되어 영업에 제한을 받는다. 애초에는 규정에 따라 갤럭시S5를 의료기기로 유권해석을 했으나 식품의약품안전처가 운동 및 레저용 심맥박계는 의료기기 관리 대상에서 제외하도록 고시를 개정하여 이 기기의 정상 출시가 가능하도록 도와주었다.[34] 그동안 중소업체들이 단순한 심박수 측정기기들을 개발해 의료기기에서 제외해 달라고 요청해 왔으나 거부당했던 사실에 비춰 엄

---

34) 박수지, 갤럭시S5 '의료기기 제외'…'삼성전자 특혜 논란', 한겨레신문, 2014. 4. 10.

청난 특혜인 셈이다. 그 배경에는 '창조경제 실현을 위한 의료기기 규제개선 요청'이라는 삼성전자 대외비 문건과 그것을 동원한 압박과 로비가 있었음이 드러난 것이다.[35]

갤럭시S5는 삼성기어2, 삼성기어핏 등과 연동해 피트니스 코칭 기능도 실시간 활용할 수 있도록 되어 있다. 즉 모바일과 헬스케어가 접목된 모바일 헬스의 전형이다.[36]

삼성전자 산하 삼성전략혁신센터는 2014년 5월 28일 미국 샌프란시스코에서 '디지털헬스 생태계 구축'이라는 주제로 열린 행사에서 개방형 건강관리 플랫폼인 '삼성 디지털헬스'를 공개했다. 하드웨어 플랫폼인 손목밴드 형태의 기기에서 수집된 심박수, 혈압 등의 생체 신호를 클라우드 시스템에 전송해 다양한 알고리즘에 따라 분석하도록 설계되어 있으며 이는 2~3년 내 상용화가 가능하다고 한다.[37]

웨어러블 디바이스인 심밴드(Simband, 손목에 차는 밴드 형태의 기기로 셔틀배터리를 이용해 착용 상태에서도 충전 가능)는 생체 센서가 있어 심박수, 혈압, 호흡 등을 감지하여 수집 데이터를 사물인터넷(IoT) 망을 통해 클라우드 시스템으로 전송, 관리하는 방식이다. 소프트웨어 사미 (SAMI, Samsung Architecture Multimodal Interactions)는 심밴드에서 수집한 방대한 정보를 다양한 알고리즘을 적용하여 의미 있는 정보로 만들

---

35) 최경영, 삼성비밀문건: 의료기 사업으로 27조 매출, 뉴스타파, 2014. 5. 5.

36) 삼성기어2 등에는 구글 안드로이드가 아닌 삼성전자의 자체 OS인 타이젠이 탑재돼 이름에 '갤럭시'가 붙지 않았다.

37) 임화섭, '삼성 디지털헬스 공개···4분기 베타 돌입, 연합뉴스, 2014. 5. 29.

어 내는 플랫폼으로 기능한다. 삼성은 2~3년 내에 플랫폼을 상용화할 예정이라고 한다.

웨어러블 디바이스는 처음 군사 분야에서 사용되었으나 최근 헬스케어 분야에서 적용과 확산이 가장 빠르게 이루어지고 있다. 웨어러블 디바이스를 통해 개인의 생체 정보를 수집하고 이를 활용하여 적절한 피드백을 제공한다는 개념이다. 이에 따라 이 분야에 대한 관심과 투자가 급격하게 증가하고 있다. 웨어러블 디바이스에는 안경, 시계, 팔찌와 같은 휴대용, 패치와 같은 부착용, 인체에 이식하거나 복용하는 이식/복용형 등이 있다. 신체에 착용한 기기들을 무선으로 연결해 생체정보를 측정하고 전송한다. 삼성에서 나온 갤럭시기어, 심밴드 등이 여기에 해당한다.[38]

웨어러블 디바이스는 보험 가입 고객 대상 건강관리 서비스에도 활용되고 있다. 삼성은 2013년 말 미국 최대 보험사 중 하나인 시그나(Cigna)사와 협약을 체결하고 보험 가입자들을 대상으로 스마트폰을 활용한 건강관리 서비스에 나서기로 했다. 이를 위해 갤럭시S5에 장착된 건강관리 애플리케이션 'S헬스'는 FDA 승인을 받기도 했는데 미국 보험사들은 고가의 진료비용을 아끼기 위해 가입자들에게 원격의료와 평소 건강관리 서비스를 적극적으로 추천하고 이를 보험으로 인정해 준다.[39] 최근에는 'S헬스 3.0'에 개인 건강을 관리할 수 있는 '코치 바이 시그나(by Cigna)' 기능을 제공하고 있다.[40]

38) 정혜실, 「헬스케어 웨어러블 디바이스의 동향과 전망」, 『보건산업브리프』, vol.115, 한국보건산업진흥원, 2014. 3. 3.

39) 임솔, 올해 삼성전자 의료기기 신제품 나오나?, 모뉴스, 2014. 2. 4.

40) 손봉석, 삼성전자 갤럭시S5 건강관리 기능 새롭게 추가, 경향신문, 2014. 5. 16.

삼성은 의료서비스가 취약한 아프리카에서도 원격의료 시범사업을 진행한다고 한다. 삼성 태양열 원격의료센터는 내과 진료시설과 환자 기록을 저장하는 서버, 화상회의 시스템 등 검진에 필요한 시설들을 갖추고 있으며 환자별 진료기록을 찾아 원격의료를 실시하고, 필요 시 대형 병원 의료진과 화상 시스템으로 연결될 수 있도록 시스템을 구축했다고 한다.[41]

건강플랫폼 사업

삼성이 운영하는 인터넷 기반의 건강관리 서비스 회사가 있다. 2000년 7월 설립된 365홈케어(365homecare. com)라는 곳인데 아래는 이전에 삼성화재 홈페이지 PR 코너에 게재된 '365홈케어' 보도자료라고 한다.[42]

"삼성의료원, 에스원, 유니텔, 삼성SDS, 삼성화재 등이 공동 설립한 의료건강관리 포털사이트 업체인 365홈케어가 제공한다. 국내 최초로 도입되는 '재택원격의료측정'은 가정과 직장에서 원격 측정기를 PC에 연결, 가족의 혈압, 맥박, 체온, 체지방 등의 측정결과를 인터넷을 통해 365홈케어 건강관리센터에 전송하면 상근주치의의 전문 컨설팅과 함께 개인의 건강이력과 특성에 맞는 건강관리프로그램을 제공하는 서비스이다. 또 '실시간 온라인 화상상담'은 전문의, 한의사, 치과의, 영양사, 운동처방사 등 각 분야의 의료건강 전문가들로부터 실시간으로 생생한 건강상담을 받을 수 있도록 하

---

41) 임솔. 올해 삼성전자 의료기기 신제품 나오나? 모뉴스. 2014. 2. 4.
42) 김치중. 삼성그룹, 14년 전부터 원격진료 준비했다. 힐뉴스. 2014. 3. 31.

는 서비스이다."

365홈케어는 의사, 간호사, 운동처방사, 영양사 등의 의료진이 상시 대기하면서 1:1 개념의 주치의를 통해 건강관리 서비스를 제공하는 것이 목표이다. '우리 가족 평생주치의'의 사이버주치의 제도를 운영하는 것이다.[43]

365홈케어는 원격진료를 위한 플랫폼으로 궁극적으로 건강관리 서비스를 제공하는 회사를 지향하는 듯하다. 365홈케어의 제휴사에는 삼성생명, 삼성화재 등 그룹 계열사들과 동부화재, 농협, 한국산업은행, 우리은행 등이 포함되어 있는데 이들 제휴 은행, 보험사 설계사 추천으로 회원을 모집하며 제휴사를 통하지 않는 경우는 월 회원, 연 회원으로 가입할 수 있다. 회원의 경우 자신의 개인 의무기록들이 365홈케어에 있기 때문에 이곳과 제휴를 맺은 병원[44]에서 진찰을 받을 수밖에 없으므로 원격진료가 현실화되면 종속관계에 놓일 가능성이 높아진다. 병원 검진예약부터 전문의 웹상담, VIP용 특별전화 상담, 장례서비스 등 병원에 가지 않아도 의료행위, 부대서비스까지 가능하도록 되어 있다.[45]

삼성은 365홈케어를 통해 원격진료를 위한 플랫폼을 구축하고 원격진료가 본격적으로 시행되기를 기다리고 있는 셈이다. 응급의료에 진출한 에스원이 건강플랫폼에 출자하는 이유도 여기에 있는 듯하다. 예를 들어 원격으로 건강관리 서비스를 제공하는 회사의 플랫폼과 개인이 연결되어 있다면 개인이 갖고 있는 모바일 기기나 웨어러블 디바이스로부터 보내오는 생체

---

43) www.365homecare.com
44) 전국 90여 개 병원들이 365홈케어 제휴 병원으로 이름을 올리고 있다.
45) 김치중, 삼성그룹, 14년 전부터 원격진료 준비했다, 힐뉴스, 2014. 3. 31.

신호에 이상이 감지될 때 에스원 같은 회사의 긴급출동 서비스 제공이 사업이 될 수도 있기 때문이다.

갤럭시S5에는 실시간 심박수를 체크할 수 있는 심박센서 기능을 탑재하고 있다. 이와 같은 다양한 소형 전자제품들이 측정한 혈압, 체온, 심전도, 심박과 같은 생체 신호들이 모바일 기기를 통해 365홈케어에 보내지면 여기에 저장도 할 수 있게 된다. 이미 365홈케어는 원격측정기인 '영헬스'로 프리미엄 회원 건강관리 서비스를 시행하고 있다.

365홈케어는 삼성SDS와 에스원 등이 지분을 갖고 있는데 2014년 6월 15일자로 오픈타이드코리아 주식회사에 합병되었다. 오픈타이드코리아는 삼성SDS가 대주주로 있는 자회사로 결국 자회사끼리의 합병인 셈이다. 오픈타이드가 IT 개발, 운영 역량을 갖고 있어 기존 365홈케어 건강관리 서비스에 IT 기능이 더 강화될 것으로 보이며 정부가 본격적으로 추진하려고 하는 원격진료에 대비하는 것으로 보인다.[46]

의료정보화 사업

삼성SDS는 2004년 상반기 헬스케어팀을 신설하고 대형 병원 정보화 사업에 본격 진출했다. 우리 사회 모든 분야에서 정보화가 진행된 것은 2000년대 중반부터인데 비슷한 시기에 병원의 의료정보화도 본격적으로 진행되

---

46) 양정우, 삼성SDS, 오픈타이드—삼육오홈케어 합병 '윈-윈', the bell, 2014. 4. 1.

었다. 삼성SDS는 삼성서울병원을 기반으로 초기에 의료정보 사업에 진출하여 많은 노하우를 쌓았으며 이를 바탕으로 최근에는 유헬스, 원격의료와 결합된 방식의 의료정보화 사업에 관심을 기울이고 있다.

해외 사업에도 진출하고 있는데 최근에 원격의료 솔루션인 '이-텔레헬스'를 멘사헤로스사에 2백만 달러 규모에 공급하는 내용의 협약을 체결한 바 있다.[47] 이를 통해 스페인 내 59개 실버타운에 원격진료기를 설치해 1만 2천 명의 노인들에게 서비스를 제공하게 된다고 한다. 2012년에는 미국 남부지역 병원 네트워크인 '크리스터스 헬스(CHRISTUS Health)'와 10년간 전자의무기록(EMR) 솔루션을 공급하기로 계약을 체결하기도 하였다.[48]

삼성SDS는 최근 인수합병과 조직구조 개편 등을 통해 세계 제일의 정보통신 서비스 기업을 꿈꾸고 있다. 통신 관련 사업, 해외 물류 등의 사업을 수행하는데 의료, 교육, 보안 등 고부가 핵심 솔루션 역량도 강화시키고 있다. 모바일, 클라우드, 빅데이터 등 신기술 기반의 사업 모델도 개발하고 있어 향후 원격의료가 본격화되면 핵심적인 역할을 담당할 것으로 보인다.

에스원의 응급의료 사업과 삼성 3119 구조단

에스원은 삼성계열사로 국내 시스템경비 분야 시장점유율 1위 업체이다. 보안업체라고 알려진 이 회사가 갑자기 헬스케어 분야에서 사업을 진행하기

---

47) 김현아, 삼성SDS, 스페인에 원격화상진료솔루션 수출, 아이뉴스24, 2003. 11. 2.
48) 김관용, 삼성SDS, 글로벌 넘버원 IT기업 '시동', 아이뉴스24, 2013. 9. 24.

시작했다. 삼성그룹 전체가 헬스케어 분야에 집중하면서 계열사들도 자기 분야와 연관된 영역에서 헬스케어 사업 진출을 모색하는 것이다.

이 분야에서 에스원이 처음 선택한 사업은 심장제세동기(AED) 사업이다. 에스원의 홈페이지(s1.co.kr)에 보면 다양한 사업 영역 중에 헬스케어 분야도 들어가 있는데 여기에는 "에스원 헬스케어사업은 자동심장제세동기인 AED를 시작으로 원격의료서비스, 의료정보 보안 서비스 등을 제공하는 U-health care 서비스, 가축에 대한 Bio-Security 서비스를 준비하고 있다."고 소개하고 있다.

2007년 응급의료에 관한 법률개정에 따라 2008년 이후 공공 의료기관, 구급차, 항공기, 공항, 기차, 선박 등에 AED 설치를 의무화했다.[49] 에스원은 2010년 '에스원AED' 제품을 출시하여 전국에 1만여 대의 AED를 설치하여 시장을 선점한 상황이다. KT 텔레캅, ADT 캡스 등도 AED 사업에 뒤늦게 참여하고 있다.

에스원은 응급의료와 관련한 가정의료서비스에도 관심을 갖고 원격의료 기반으로 서비스를 제공하려고 시도하고 있다. 대표적인 것이 안심폰인데 에스원 고유 업무인 '긴급출동'과 응급의료가 결합된 방식이다. 2013년 출시한 안심폰은 비상상황이 발생할 경우 에스원 버튼을 누르면 위치정보가 바로 관제센터로 전송되어 출동서비스를 요청하는 것으로 보호자도 앱을 통해 사용자의 위치를 추적할 수 있도록 되어 있다. 안심폰을 일정 기간 사용하지 않거나 전원이 오래 꺼진 상태로 방치되면 보호자에게 자동으로 전송된다.

---

49) 2012년 8월 응급의료에 관한 법률의 시행령을 개정하여 공공보건의료기관 등 다중 이용 시설에 AED 설치를 의무화하였으며 설치 장소도 확대했다. 현재는 500세대 이상 아파트에도 의무적으로 설치해야 한다.

에스원은 2010년 헬스케어사업을 역점사업의 하나로 추진하면서 장례 사업 진출에도 의욕을 보였다. 2011년 3월에는 주주총회에서 '분묘 분양 및 장례 서비스업'을 신규로 사업목적에 추가하면서 상조사업을 가시화하기도 했다. 삼성그룹 내 다른 계열사도 비슷한 사업을 추진하자 그룹 차원의 조정 필요성이 제기되었지만 그룹 차원에서 장례 사업에 대한 진출 결정을 내리지 않아 사업 추진은 중단된 상태이다.

에스원은 앞에서 언급한 건강플랫폼 사업인 365홈케어에도 지분 출자를 통해 참여한다.

삼성이 독자적으로 119 즉 긴급구조단을 운영하고 있다는 사실을 아는 사람은 많지 않다. 삼성은 1995년 10월 국내 최초 비영리 민간 긴급구조기관 삼성 3119 구조단을 발족시켰다. 응급구조사, 방화관리자, 위험물 안전관리자 등의 인력과 특수 구조 공작차, 구급차 같은 장비를 갖추고 있는데 첨단 장비를 갖추고 사회공헌 활동도 하지만 삼성 사업장 내에서 발생하는 사고 처리도 담당한다. 삼성은 직원 대상으로 안전 교육을 할 때 '사건이 터지면 반드시 3119로 먼저 신고하라.'고 교육한다고 한다.[50]

2008년 8월 한남동 삼성의 리움 미술관 화재 발생 시에도 소방서에 신고하지 않고 에스원, 3119 등이 출동하여 화재를 진압하는 도중에 주민 신고로 119가 출동한 적이 있다는 보도가 있다.[51] 2013년 1월 27일 발생한 삼성 화성사업장 불산 누출 사고 때에도 삼성은 소방서 등에 신고하지 않고 자체 시스템에 의해 화재를 진압했다. 그러나 사망자가 발생하고 이를 인지한 경

---

50) 정웅재, "삼성 불산 사고 커진 건 삼성 시스템 때문", 민중의 소리, 2013. 5. 8.
51) 이주현, 고고하여라, 삼성미술관!, 한겨레21, 2004. 9. 16.

찰이 경위 파악에 나선 후에야 사고 25시간 만에 '불산 유출 사고가 났다.'고 신고했다. 자체 소방대가 사고에 대한 적극적 초기 대응 등 긍정적 기능을 넘어서 사고 은폐와 같은 부정적 역할을 한다는 비판도 일고 있다.[52]

개인 유전자 정보 분석 서비스 사업

유전자 사업도 삼성이 관심을 갖는 분야이다. 삼성의료원은 2001년 유전체 연구센터를 설립한 바 있다. 개인 유전자 정보 분석 서비스 사업은 유전자 정보를 해독해 중요한 유전 정보 및 질병 정보를 개인에게 제공하여 활용하게 하는 사업이다.

2009년 2월 삼성테크윈이 유전자 분석 장비 분야에 진출하겠다고 선언한 이후 2010년 5월 삼성종합기술원과 삼성SDI가 마이크로젠과 함께 지식경제부의 산업 원천기술 개발 사업에 참여하게 된다. 2009년 4월 삼성SDS는 바이오인포매틱스[53] 진출을 선언했다. 10월에는 클라우드 컴퓨팅 시스템을 구축하고 대용량 유전자 정보를 고속으로 정밀하게 처리하고 저장할 수 있는 유전체 분석 전용 바이오인포매틱스 클라우드 컴퓨팅 시스템을 구축했다. 2010년 1월에는 테라젠과 한국인 4인 가족, 총 8명의 인간 게놈 프로젝트에 클라우드 컴퓨팅 분야를 담당하기도 했다. 2010년 5월에는 삼성의료

---

52) 정웅재, "삼성 불산 사고 커진 건 삼성 시스템 때문", 민중의 소리, 2013. 5. 8.
53) 생명공학을 통해 얻은 인간의 유전자 정보를 활용하는 학문으로 인간 게놈 프로젝트가 진전하면서 급속도로 발전하는 분야이다.

원, 미국의 라이프 테크놀로지사와 공동으로 '인간 유전체 시퀀싱 및 유전자 기반의 진단 치료 글로벌 서비스 사업'을 위한 협약을 체결하였고 유전체 지도 해독 장비를 도입해 유전체 지도 해독을 본격적으로 시작한다고 발표했다.[54] 2011년 9월부터 시범 서비스를 시작하고 2012년 6월부터는 본격적으로 상용화를 시작했다.

삼성의료원이 지난 2010년 유전체 분석 사업 진출을 선언한 이후 삼성종합기술원에서는 유전체 분석 전문가를 영입하는 등 집중 투자하고 있다.

박근혜 정부 들어서 유전체 분석 사업은 원격의료에 이어 창조경제의 중요한 아이템으로 떠오르고 있다. 2013년 12월 3일 경제 관계 장관 회의를 통해 2021년까지 총 10만 명의 한국인 유전체 자원을 확보하고 암, 만성질환 등 14대 주요 질환군별로 유전적 특성에 따른 질병 예측, 유전체 기반 한국인의 맞춤의료 가이드라인을 마련하기로 했다.

2014년에는 주요 질환별, 유전체 유형별 임상시험 지원 시범사업을 추진한다고 한다. 8월 7일에는 국무총리실 민관합동규제개선추진단이 '보건의료 규제개선 30개 주요과제' 중 하나로 개인 유전자 분석 시장 활성화 방안을 포함해 검토하고 있다고 밝혔다. 활성화 방안의 핵심은 의사나 의료기관을 거치지 않고도 유전자 분석업체가 독자적으로 유전자 검사를 할 수 있게 한다는 것이다. 현재는 '생명윤리 및 안전에 관한 법률'의 적용을 받아 의료기관만 질병의 예방, 진단, 치료와 관련된 유전자 검사를 할 수 있도록 되어 있다.[55] 관련 기업들의 이해를 반영한 결과로 보이며 만약 이 정책이 실현되

---

54) HMC투자증권, 「삼성그룹의 바이오제약 산업 도전」, 2011. 2. 28.

55) 김명룡, 의사 없이 유전자 검사 허가 검토···유전체 산업 훈풍 불까, 머니투데이, 2014. 8. 8.

면 삼성도 상당한 수혜를 입을 것으로 보인다.

유전자 관련 사업은 의료계 차원의 질병 치료를 목적으로 이에 따르는 부작용이나 윤리 문제 등에 대한 신중한 접근이 필요한데 삼성 등이 참여하는 비즈니스 차원의 산업화는 수익을 중시하여 검증되지 않은 정보가 범람하거나 부작용 등이 우려되기도 한다.

줄기세포, 재생의학 분야

삼성은 2011년부터 줄기세포를 이용한 재생의학에도 참여하기 시작했다. 산업적 차원에서 차세대 성장 동력으로 고려하는 것으로 보인다. 2013년 9월 출범한 줄기세포재생의학연구센터는 삼성서울병원 비전 20×20의 핵심센터로 난치 및 불치병에 대한 새로운 치료법 개발에 매진하고 있다.

삼성융합의과학연구원은 분자의학과 재생의학, 바이오시밀러, 바이오공학, 의료정보학, 신경과학, 분자영상학 등 바이오기술(BT) · 정보기술(IT) · 나노기술(NT)을 융합한 신의료 기술에 대한 연구를 진행할 예정이다.[56] 삼성은 2013년 말 재단으로 참여하는 성균관대에 석 · 박사 과정 삼성융합의과학원을 신설하여 신입생을 뽑기도 했다.

삼성서울병원은 줄기세포 치료제 회사인 메디포스트[57]와도 긴밀하게 협

---

56) 정종호, 삼성"재생의학육성"···줄기세포 연구 본격화, 한국경제, 2011. 2. 16.

57) 메디포스트 양윤선 대표는 삼성서울병원 임상병리과 전문의로 근무하다가 나와서 2000년 메디포스트를 설립했다. 이후에도 삼성서울병원과 임상시험을 공동 진행하고 있다.

력관계를 유지하고 있다. 제대혈 유래 줄기세포를 원료로 메디포스트에서 생산한 무릎 연골재생치료제 '카티스템'도 삼성서울병원에서 임상시험을 거쳐 현재 1,200명 이상의 환자에게 시술했다. 메디포스트는 2014년 2월 미숙아 만성폐질환 치료제인 '뉴모스템'이 임상시험에 성공했다고 밝힌 바 있고, 치매치료제인 '뉴로스템'의 임상시험도 2014년부터 2년간 삼성서울병원에서 임상시험 계획이라고 밝혔다.

노화방지 사업

2013년 초 삼성종합기술원에 웰에이징연구센터를 세워 세포노화, 노인성 질환, 오믹스(Omics),[58] 한의학, 대체의학 등 연구 목표를 세우고 있으며 노인의학의 권위자인 박상철 전 서울의대 교수를 부사장급 센터장으로 영입했다.[59]

삼성경제연구소는 2013년 들어 '새로운 성장 동력으로 부상하는 안티에이징,'[60] '안티에이징의 3대 키워드'[61] 등을 발표하면서 분위기를 띄우고 있다.

---

58) 특정 세포 속에 들어 있는 생리현상 관련 정보를 통합적으로 분석해 생명현상을 밝히는 학문

59) 임솔, 삼성, 대체 무슨 의료기기 만들고 있나? 메디컬저버, 2013. 6. 26.

60) 삼성경제연구소, 「새로운 성장 동력으로 부상하는 안티에이징」, SERI 이슈페이퍼, 2013. 1.

61) 삼성경제연구소, 「안티에이징 3대 키워드」, SERI 경영노트, 2013. 9.

삼성의 보험업

보험업도 헬스케어사업 분야에서 중요한 한 부분을 차지한다. 삼성은 신수종 사업으로 헬스케어 분야에 집중하기 이전부터 보험업에 진출해 확고한 기반을 쌓았다. 삼성은 1958년 삼성화재 전신인 안국화재를 인수하면서 처음 보험업에 뛰어들었고 1963년에는 동방생명을 인수하여 삼성생명을 설립했다. 현재 삼성생명과 삼성화재는 우리나라 생명보험업계와 손해보험업계에서 부동의 1위를 차지하고 있다.

보험업은 현금 장사를 하는 곳이기 때문에 삼성에서 이 두 회사는 중요한 현금 공급원인 셈이다. 이건희 일가의 삼성그룹 순환출자에 기반한 지배구조에서 두 회사는 핵심적인 역할을 하는 회사이기도 하다. 삼성그룹의 지배구조를 보면 이건희 일가가 삼성에버랜드를 지배하고, 삼성에버랜드가 삼성생명을, 삼성생명은 삼성전자를 지배하는 식이다. 삼성생명은 이런 구조에서 가장 핵심적인 위치를 차지하고 있다.

삼성생명은 1986년에는 뉴욕과 도쿄에 사무소를 개설하고 업계 최초로 자산 1조 원을 달성하기도 하였으며 1995년에는 북경사무소를 개설하고 보험품질보증제도를 실시하기도 했다. 보험뿐만 아니라 대출, 펀드, 퇴직연금, 신탁 등의 업무도 병행한다. 현재 자산이 약 220조, 점유율은 25%를 넘어 우리나라 1위의 보험회사로 삼성의 자금줄 역할을 맡고 있다. 보험 상품을 팔아 벌어들이는 자금의 대부분은 현금으로 연간 16조 원 정도가 그룹으로 들어온다고 한다.

앞서 얘기한 삼성생명의 전략보고서에 따르면 삼성생명은 궁극적으로 공보험을 민간보험으로 대체하는 상황을 희망하는 것으로 보인다. 그 전 단계에 해당하는 것이 실손보험이다. 2005년 정부는 보험업법을 개정하여 생명보험사도 실손의료보험을 판매할 수 있도록 허용했다. 2007년부터 판매를 시작했는데, 2008년 5월에는 삼성생명이, 7월에는 교보생명이 각각 특약형식으로 실손보험을 출시했다. 실손보험은 정액보험과 달리 실제 의료비에 맞춰 보장해 주는 것으로 삼성생명 등 생명보험업계가 적극적으로 뛰어들었다. 현재는 전체 국민의 60%인 3천만여 명이 실손보험에 가입해 있다.[62]

기존의 정액형 상품은 중대 질병의 발생에 따른 치료비뿐만 아니라 노동력 손실 등의 간접비용을 충당해 주는 의미가 크다. 실손형 보험이 등장하면서 치료비에 들어가는 실제 비용을 보상해 준다는 의미에서 건강보험에 미치는 영향은 훨씬 크다. 건강보험이 보장해 주지 않는 본인 부담 비용을 보장해 주기 때문에 건강보험의 보장성이 낮아질수록 실손형 상품 시장이 커지는 현상이 발생한다.[63]

많은 사람이 실손보험에 가입한다는 사실은 그만큼 우리나라 건강보험의 보장성이 낮다는 것을 의미하기도 한다. 보장성이 낮고 상대적으로 본인부담 비율이 크기 때문에 이에 대한 대비책으로서의 실손보험이 인기를 끄는 것으로 보인다. 건강보험의 보장성은 이명박 정부를 지나면서 계속적으로 감소 추세에 있어 실손보험의 위세는 지속될 것으로 보인다. 만약 보장성이 획기적으로 높아진다면 본인부담 비율이 작아지게 되므로 실손보험 가입이 감소하게 될 것이다. 공보험인 건강보험이 암 환자를 100% 무상으로 치

---

62) 송윤경, 영리자회사 통해 의료민영화 '우회로' 연 정부…배후엔 '의산복합체', 경향신문, 2013. 12. 19.

63) 김명희 외, 『의료사유화의 불편한 진실』, 후마니타스, 2010, p.52.

료해 준다면 사기업에서 운영하는 암보험에 가입할 이유가 없어지기 때문에 암보험은 소멸할 수밖에 없는 이치와 마찬가지이다.

정부는 재정을 이유로 건강보험의 보장성 강화에 대한 책임을 회피하고 있고 이로 인해 실손보험이 비약적으로 확대되었는데 결국 국민들은 건강보험의 낮은 보장성으로 인해 사기업에서 운영하는 민간보험에 이중 가입하고 있는 셈이다.

민간보험 입장에서 보면 민간의료보험의 영역을 확대하기 위해서는 국민건강보험의 영역이 축소되어야 하는데 여기서 가장 걸림돌이 되는 것은 모든 의료기관에 적용되는 '건강보험 당연지정제'이다. 당연지정제가 폐지되면 공보험과 계약을 하지 않은 의료기관은 민간보험과 계약을 맺고 환자를 유치하려고 할 것이다. 결국 공보험과 민간보험이 경쟁하는 상황이 벌어질 텐데, 이 경우에 민간보험의 이윤이 극대화될 수 있을 것이다. 이런 이유로 삼성생명도 당연지정제 폐지에 대해 언급하고 있다.

이것과 다른 차원이긴 하지만 삼성생명과 관련하여 사회적 논란이 되었던 것은 주식 상장 문제였다. 이건희 일가는 2010년 5월 삼성생명을 상장하면서 엄청난 시세차익을 챙겼다. 삼성생명 상장과 관련된 논쟁은 10년 넘게 끌어온 것인데 핵심은 상장 시 발생하는 이익에 대한 분배 문제였다. 삼성생명은 주식회사이지만 상호회사의 성격을 갖고 있다. 회사에 손실이 날 경우 주주가 보전하지 않고 계약자 배당 준비금으로 충당하기 때문에 계약자에게 손실을 떠넘기는 셈이다. 마찬가지로 이익이 나면 계약자에게 상응하는 수준의 이익을 분배해야 한다. 삼성생명을 상장할 경우 발생하는 이익도 같은 원칙에 따라야 한다는 주장이 많았다. 2004년 당시 금융감독위원회 부위원장을 역임한 이동걸 전 금융연구원장은 생보사 상장 기준을 논의하면서 금감위가 내부적으로 계약자 대 주주 몫을 8 대 1 또는 9 대 1로까지 거론하다가 석연치 않게 계약자 몫을 한 푼도 인정하지 않는 쪽으로 결정했다고 밝힌 바 있다.[64]

삼성생명 관련 금산분리원칙 완화가 사회적 논란이 되기도 했다. 금산분리원칙이 완화되면 삼성은 삼성생명 보험가입자의 보험금을 동원해 우리금융지주를 인수하고 여기에 삼성카드, 삼성투신운용, 삼성화재 등을 결합한 거대한 삼성금융그룹을 탄생시킬 수도 있게 된다. 심상정 의원이 '삼성 금융계열사의 금융지주회사 전환 로드맵'(2005. 5.)이라는 삼성 내부 문건을 공개하여 삼성은행을 만들려는 의혹이 있다고 주장한 바 있다. 삼성그룹 최고의 금융전문가이고 그룹 최고 의사결정기구인 구조조정위원회 7인의 멤버였던 황영기 삼성증권 사장이 2004년 돌연 우리금융지주 회장으로 옮겨 갔는데 이 일도 삼성이 전략적으로 적진에 파견했다는 관측이 많았다.[65]

삼성화재는 자산이 50조 정도로 2013년 9월 말 현재 손해보험 시장점유율 27.5%로 업계 1위를 차지하고 있다. 자동차, 운전자, 화재, 여행, 노후보장, 기업 관련 보험들을 취급하지만 건강 관련 보험도 취급한다. 암보험, 실손보험 외에도 질병이나 장해 관련 보험들도 취급하고 있어 의료민영화가 진행되면 수혜를 받을 곳으로 지목받는다.

삼성화재도 여러 구설에 오른 전력이 있다. 노동부가 '외국인 근로자 전용보험'을 삼성화재만 팔 수 있도록 특혜를 준 사실이 감사원 감사 결과 드

---

64) 천정배, 삼성생명 상장에 즈음하여, 2010. 5. 11.
65) 이정환, 삼성–이명박 커넥션 의혹 솔솔, 미디어오늘, 2007. 12. 10.

러난 적이 있다. 2004년 8월 외국인 근로자 고용허가제 시행을 앞두고 노동부가 법적 근거 없이 삼성화재를 단독사업자로 선정했는데 감사원은 노동부의 이 같은 특혜와 규정위반 묵인에 대해 '기관주의' 조치를 내렸다. 연간 시장 규모는 2천억 원대에 달하는 것으로 드러났다.[66]

삼성특검 당시 삼성화재가 가입자에게 돌려주지 않고 빼돌린 보험금 미지급금 등으로 조성한 비자금이 삼성그룹 전략기획실로 흘러들어 갔다는 사실이 확인되기도 했다.[67]

2014년 3월 뉴스타파는 '윈-윈 문화 구축을 위한 포괄적인 협약체결서'를 공개했다. 삼성화재와 한 병원이 맺은 보험 협약 내용을 소개하면서 삼성화재 지역단 담당자가 협약을 맺을 경우 삼성화재 실손보험 가입자들이 병에 걸려 문의를 할 경우 해당 병원을 소개시켜 주기로 했다는 내용을 보도했다. 담당자가 이런 협약을 맺으면서 미국식 의료보험체계처럼 되는 것이 최종 목표라고 했다는 얘기도 전했다.[68] 이에 대해 삼성그룹은 공식 블로그를 통한 해명에서 지역단 차원에서 영업활성화를 위해 자체적으로 진행한 사항으로 '의료보험의 보험사 종속'이나 '미국식 의료보험체계 도입'과는 전혀 관계없는 얘기라고 밝혔지만[69] 우려스러운 상황이 발생할 수 있는 여지가 있음을 보여 주는 사례임에는 틀림없다. 병원과 보험사 간 연계를 통한 환자 몰아주기는 환자를 보내 주는 보험사에 종속되는 결과를 초래할 수 있다. 이

---

66) 박순빈, 노동부, 연 2천억대 외국인 근로자 보험 사업, 삼성화재에 독점권, 한겨레신문, 2005. 9. 9.

67) 김남일 외, 삼성화재 고객에 줄 돈 전략기획실로 유입 확인, 한겨레신문, 2008. 2. 26.

68) 뉴스타파, 보험사와 병원, 수상한 커넥션 포착, 2014. 3. 21.

69) 삼성블로그, 「뉴스타파(3/21)에 보도된 '보험사와 병원, 수상한 커넥션 포착' 기사는 사실과 달라 바로 알려 드립니다」, 2014. 3. 24.

런 상황이 현실화되면 민간보험사 중심의 의료체계 재편이 현실화될 수 있어 깊은 우려를 자아내고 있다.

민간보험회사는 계약자 또는 계약 예상자들의 질병 정보를 구하고 싶어 한다. 첫째 이유는 계약자에게 보험금을 지불해야 하는 상황이 발생했을 때 지불을 거부할 수 있는 이유를 찾기 쉽기 때문이다. 그래야 지출을 줄여 수익을 올릴 수 있다. 보험 사기와 같이 계약자가 고의 또는 위조하여 보험금을 청구하는 것을 가려내려는 목적도 있겠지만 계약 당시 계약자가 실수 또는 잘 몰라서 신고하지 않았던 병력을 찾아내면 지급 거부 사유가 될 수도 있다. 둘째 이유는 계약을 하려는 사람들의 병력을 알 수 있다면 향후 보험금을 지급해야 하는 상황의 발생을 예측하여 가능성이 높은 경우 보험 가입을 거부할 수 있기 때문이다. 그래서 민간보험회사는 개인 질병 정보가 가장 많이 축적되어 있는 국민건강보험공단의 질병 정보에 접근하고 싶어 한다. 질병 정보에 대한 접근, 공유 문제는 보험회사의 오래된 희망 사항 중 하나이다.

생명보험사들과 손해보험사들은 각각 자신의 이익을 대변하기 위해 생명보험협회와 손해보험협회를 두고 있다. 생명보험협회는 보험사기가 기승을 부린다는 이유로 매년 경찰을 대상으로 보험 범죄 아카데미를 운영하며 검찰 수사관을 대상으로도 보험사기 방지 교육을 실시한다. 그리고 공공매체 및 캠페인을 통해서도 보험사기 방지를 위한 홍보를 펼친다. 이러한 활동들은 보험사기에 대한 사회적 분위기를 조성해 보험금 지급 시 생명보험사들이 이를 무기로 보험금 지급을 줄이려는 배경이 숨어 있다.[70] 금융 민원 가

---

70) 김소연, 보험 소비자만족도 '세계꼴찌'···생명보험협회, 손해보험협회 책임 크다, 소비라이프, 2004. 4. 18.

운데 보험 관련 민원이 가장 많은 부분을 차지할 만큼 보험은 소비자들의 불만의 대상이 되고 있다.

금융소비자연맹은 생명보험협회와 손해보험협회가 보험사로부터 개인의 질병 정보를 개인의 동의도 받지 않고 넘겨받아 10억 건 이상을 수집하고 이를 다른 보험사들에 불법적으로 제공하여 보험금 지급 심사자료 등 마케팅 자료로 활용하고 있다고 밝혔다. 보험사들은 보험 가입자가 의료비 보험금 청구를 하면 '지급심사'라는 명분으로 백지위임장과 인감증명서를 제출받아 주거지 인근의 병의원은 물론 국민건강보험공단이나 국세청의 의료비 지출내역을 떼어 과거 질병 유무를 확인해 '고지의무 위반 여부' 조사 자료로 활용하고 이를 전산 입력해 협회로 넘겨 전 보험사가 공유한다고 한다. 이런 행위는 분명히 불법인데도 불구하고 금융위원회는 '주의' 정도의 경징계를 내리는 등 오히려 '신용정보법'을 확대해서 면죄부를 주고 있다.[71]

삼성의 또 다른 금융계열사인 삼성카드도 헬스케어 관련 서비스를 제공한다. 삼성카드는 2009년부터 치과보철, 피부 관리, 건강검진, 한약 등 건강보험이 적용되지 않는 비급여 의료비에 대해 신용카드로 결제할 때 무이자 할부, 포인트 적립 등의 혜택을 주고 건강검진 우대예약 등의 의료지원 서비스를 제공한다.

---

71) 금융소비자연맹 보도자료, 보험사 '개인 질병 정보' 유출 위험 크다. 뉴스와이어, 2014. 1. 22.

삼성 헬스케어사업의 전망

삼성의 헬스케어 분야 사업 진출은 전방위적이다. 미래에 전망이 있다고 생각되는 모든 분야에서 삼성의 흔적이 관찰된다. 삼성그룹 차원에서 헬스케어를 미래의 먹거리로 결정하고 전략적 투자를 결정하면서 삼성의 계열사들이 자기 사업과 관련된 영역에서 사업을 진행하기 때문이다. 일부 사업을 철수하기도 했지만 투자는 여전히 진행 중이다.

삼성은 오래전에 보험업에 진출했는데 삼성생명과 삼성화재는 생명보험과 손해보험 분야에서 부동의 업계 1위를 차지하고 있다. 자산 규모가 크고 현금 수입원 역할을 하기 때문에 삼성그룹 내 지배구조에서도 중요한 역할을 담당한다.

삼성서울병원을 비롯한 재벌 병원들은 우리 사회 병원 문화와 의료생태계에 지대한 영향을 미쳤다. 삼성서울병원은 이제 삼성그룹 헬스케어사업 수행의 전위로서 역할을 부여받은 것 같다. 첨단의학기술의 개발과 상업화, 삼성에서 개발·생산한 의약품과 의료장비·기기에 대한 임상시험센터로서의 역할을 하며, 의료관광이나 글로벌 의료 등도 사업적 마인드에서 진행한다.

삼성전자, 에버랜드 등 주요 계열사를 중심으로 바이오의약품 사업, 의료기기 생산 사업에 막대한 투자를 하고 있다. 당장의 수익은 미약하지만 장기적 전략으로 투자를 진행하는 것이 분명하다. 최근의 스마트폰이나 웨어러블 디바이스를 이용한 모바일헬스, 디지털헬스 사업은 전 세계 업계를 선도하고 있다. 이 분야는 원격모니터링, 원격의료와 밀접한 관계가 있다.

삼성SDS는 의료정보화 사업, 병원 관리 솔루션, 클라우드 컴퓨팅, 건강 관리 서비스 사업을 지향하는 365홈케어 운영 등 다양한 영역에서 헬스케어 사업을 진행한다. 또한 삼성은 에스원을 통해 응급의료, 재택 긴급출동 등의 분야에 진출했고 독자적으로 삼성 3119 구조단을 운영한다. 이 외에도 개인 유전자 정보 분석 서비스 사업, 줄기세포, 재생의학, 안티에이징 등 새로운 분야에 관심을 갖고 투자하고 있다.

이러한 헬스케어사업을 지원하기 위해 그룹 내에 다양한 연구기관을 설립하거나 교육 과정을 개설했고 연관 기관, 업체들이 공간적으로 결집하는 메디컬 클러스트를 형성하기도 했다.

삼성계열사에서 수행하던 병원 물류 사업은 케어캠프를 매각하면서 이 분야에서 철수했고, 일부 계열사 차원에서 진행하던 헬스케어사업들도 철수한 바 있다. 몇몇 계열사에서 추진하던 장례 서비스 사업은 중단되었다.

삼성의 헬스케어사업에 대한 선택과 집중은 이를 실현하기 위한 다양한 노력으로 나타날 것이다. 전자사업에서 그랬던 것처럼 무엇보다도 헬스케어 사업 관련 기술의 완성도를 높이고 사업을 선점함으로써 주도해 나갈 것으로 보인다.

삼성은 이를 사업화하는 과정에서 수많은 제도적 걸림돌에 부딪히자, '성장 동력 지원'이라는 명분으로 정부에 제도 개선 요구를 강하게 요구하고 있다. 이 과정에서 '국민건강'이라는 명분은 뒤로 밀려날 가능성이 높다. 이때 사업의 진행을 원활하게 하기 위해 또는 사업의 수익성을 증대시키기 위해 제도적 개입은 의료민영화 논란으로 연결될 가능성이 높은데, 그 배후에 삼성이 있다는 주장이 터져 나올 것이다.

삼성이 헬스케어사업을 통해 국민건강에 기여하는 부분도 있겠지만 서로 충돌할 가능성도 있다. 삼성이 헬스케어사업에서 이윤을 얻기 위해서는 누군가 그 이윤에 기여할 사람이 있어야 한다. 그들은 일차적으로 환자이거나 보호자일 것이고 지금은 건강하지만 미래에 아플 수 있는 잠재적 환자, 즉 일반 국민 모두일 것이다.

만약 삼성이 난치병 치료제와 같은 획기적 의약품이나 신기술을 개발하여 환자들에게 희망을 가져다준다면 이에 대한 '적정한 사회적 부담'은 정당하다고 할 수 있을 것이다. 하지만 개인에게 지나치게 과도한 부담이 주어지거나 효과가 불확실한데 부담만 증가한다거나 기존의 의료에 대한 접근성마저 저하된다면 비난의 대상이 될 수밖에 없을 것이다.

다른 대기업, 중소기업들 심지어 대학 병원들까지 헬스케어에 대한 사업적 진출이 두드러지지만 삼성처럼 그룹 차원에서 대규모로 전략적 참여를 결정하고 실행하는 곳은 없다. 그래서 모두가 헬스케어 분야에서 삼성의 움직임을 주시하고 있다. 삼성의 막강한 파워를 알기 때문에 의료민영화 논란에서 삼성의 역할에 주목하고, '삼성배후설'의 진실에 대해 관심을 기울이는 것이다.

제4장

삼성과 정부
그리고
의료민영화 정책

우리나라의 의료보장제도는 1977년 의료보험과 의료보호 제도를 실시하면서 시작되었다. 1989년에는 전 국민을 대상으로 의료보험을 시행했으며, 2000년에는 수백 개의 조합으로 분산 운영되던 의료보험 조직을 통합하여 국민건강보험공단이라는 단일조직을 탄생시켰다. 의료보험을 도입해 의료비 부담이 줄었으나 의료 공급 분야에서 국가나 공적 부문이 직접 개입하지 않는 상황에서 1989년에는 현대그룹이, 1994년에는 삼성그룹이 강남에 대형 병원을 설립했다. 재벌이 병원에 진출하면서 대형 민간병원을 중심으로 병상 확대 경쟁이 펼쳐졌고 병상 공급 과잉 현상이 벌어지는 한편 공공의료 부문은 투자 부족으로 상대적으로 병상 비율이 급격하게 감소했다.

외환위기를 겪으면서 신자유주의 정책이 강화되는 가운데 의료 부문에서는 노무현 정부 들어 의료민영화의 씨앗이 뿌려진다. 의료서비스 경쟁력 강화라는 명분으로 영리병원, 원격의료 등이 논의되고 민간보험회사들을 위해 실손형 보험이 도입되었다.

이어지는 이명박 정부와 박근혜 정부에서도 의료공공성 정책은 뒷전에 밀리고 영리병원, 원격의료, 건강관리 서비스, 당연지정제 폐지, 개인 질병 정보 민관공유, 영리자회사 설립허가 등과 같은 의료민영화 정책들이 사회적 논란을 불러일으키고 있다.

김영삼 정부

김영삼 정부가 들어서고 나서 1993년 6월 이건희는 '신경영'을 통해 삼성의 대대적인 혁신을 선언한다. 삼성은 1993년 말 대대적인 인사 개편을 통해 TK(대구 경북) 위주의 상층부 인맥을 PK(부산 경남) 인맥으로 교체했는데 정부와의 관계를 고려했을 것이라고 주장하는 사람도 있다.[1]

김영삼 정부와 삼성은 초기에 밀월 관계라고 부를 정도로 긴밀했던 것으로 보인다. 삼성의 신경영에 자극받은 당시 집권당인 민자당이 사무처 당직자 390명을 경기도 용인의 삼성인력개발원에 보내 '나부터 변해야 한다.'를 주제로 교육을 받았으며 내무장관, 전국 도지사 등 고위 관료들까지도 대여섯 차례 삼성연수원에서 교육을 받았다고 한다.[2] 신경영 선언 이후 일 년 사이에 삼성인력개발원에서 연수를 받은 외부 인원은 총 6,800명에 달했다. 삼성에서 시작된 공무원 경제교육은 1994년에 붐을 이루어 많은 대기업에서 그와 비슷한 과정을 실시했다.[3] 공무원의 삼성교육은 노무현 정부에서도 재연된다.

1995년 4월 베이징 방문 당시 이건희는 한국 특파원들과 만난 자리에서 '우리나라의 정치는 4류, 관료와 행정조직은 3류, 기업은 2류'라고 해 화제가 되었다. 이 베이징 발언이 알려지면서 청와대는 삼성에 해명을 요구했다. 이후 삼성과 정부는 냉각기에 접어든다.[4]

---

1) 강준만, 『이건희 시대』, 인물과 사상사, 2005, pp.29~30.

2) 김성홍 외, 『이건희 개혁 10년』, 김영사, 2003, p.99.

3) 조일훈, 『이건희 개혁 20년 또 다른 도전』, 김영사, 2013, p.66.

    1995년 삼성이 자동차 산업에 진출한 이후 독자 생존이 불가능해 보이면서 그룹 전체에 부담으로 돌아오자 1997년 기아차 인수분위기를 위한 여론 조성에 나선다. 삼성은 삼성생명과 삼성화재, 삼성할부금융 등 삼성의 금융 계열사들을 통해 일시에 5천억 원이 넘는 자금을 회수하여 결국 11월 부도에 이르게 되었다는 증언이 있다. 기아차 사태와 한보 사태는 외환위기의 원인으로도 작용했는데 외환위기에 대한 삼성 책임론이 제기되는 이유이다. 당시 경제부총리로 있으면서 삼성자동차에 유리한 입장을 견지했던 강경식은 1993년 삼성자동차 부산 유치 위원장을 지내기도 했다. 1997년 기아차 인수 시도 과정에서 삼성의 전방위 로비의혹이 나중에 공개된 삼성 X파일에서 드러났다.

    김영삼 정부에서는 이전에 시행되기 시작한 의료보험제도가 정착 단계에 접어들었고, 의과대학 신설을 대대적으로 허가하여 나중에 부실 의대 논란의 단초를 제공하기도 했다. 당시 사립대 의대 신설이 늘어 재벌 병원의 병원 진출과 더불어 병상 증가의 원인이 되었다.

    삼성그룹도 자동차 사업에 매달리던 시기여서 1994년 삼성서울병원 개원 빼고는 의료 분야에 대한 특별한 관심이나 투자는 보이지 않았다.

---

4) 조일훈, 『이건희 개혁 20년 또 다른 도전』, 김영사, 2013, p.291.

김대중 정부

외환위기 와중에 출범한 김대중 정부는 초보적인 수준이지만 의료산업화를 고려하였고 경제자유구역과 관련하여 처음으로 영리병원 문제가 공론화되기도 했다.

의료보험의 경우 1990년대 초만 해도 약 420개의 조합이 구성되어 분산적으로 운영되고 있었다. 김대중 정부 시절 이들 조합들을 통합하여 단일 조합으로 만들기 위한 운동이 지속되었으며 결국 의료보험제도의 통합이라는 결실이 맺어져 의료보험의 효율성과 형평성이 크게 향상되었다.[5] 그리고 의약분업 사태로 장기간 의사 파업이 이어지기는 했으나 의료민영화와는 별로 상관이 없는 정책이었다.

의료기관의 영리성에 대한 논의는 세계무역기구 도하어젠다(DDA)에서 의료 시장 개방에 대한 논의가 이루어지면서 국내에서도 논의가 시작되었다. 의료기관 개설권을 비의사에게 허용하는 문제, 의료기관의 영리성을 공식적으로 인정하는 문제가 쟁점이었다.[6]

김대중 정부 임기 말 외환위기 이후 외국인 투자를 중시하는 분위기가 팽배할 때인 2002년 경제자유구역법이 논의되기 시작하였다. 외국인 투자 유치를 위해서는 외국인을 위한 편의 시설이 필요하다는 명분 아래 경제자유구역 내 '외국인 전용병원'을 설립하는 문제가 제기되었다. 이는 영리병원 논의의 출발점이 되었는데, 시민단체들은 국민건강보험 당연지정제를

---

5) 이상이 외, 『의료민영화 논쟁과 한국의료의 미래』, 밈, 2008, pp.67~68.
6) 의료정책연구소, 『영리의료법인에 대한 검토와 대안 모색』, 2010. 12.

벗어난 이런 종류의 병원이 영리병원을 촉발시킬 것이라는 우려 때문에 반대했다.

김대중 정부에서 삼성과의 인적 교류가 활발하지는 않았으나 1998년 삼성SDS 남궁석 사장이 정보통신부 장관으로 임명된 적이 있다.

노무현 정부

노무현 정부와 삼성의 밀월 관계는 잘 알려져 있다. 노무현 정부의 경제 정책 어젠다를 삼성이 끌고 갔다고 할 수도 있을 정도였다. 특히 본격적으로 의료를 산업으로 인식하고 의료 분야 시스템을 산업화의 방향으로 조정하려고 시도한 때이기도 하다. 의료의 산업화 정책은 기업의 논리에 충실히 따르는 것으로 결국 민영화 논란이 촉발되는 계기가 되었다. 어찌 보면 이 당시에 지금 논란이 되는 의료민영화와 관련한 많은 정책이 언급되기 시작했다. 경제자유구역의 영리병원 허용 문제를 본격적으로 거론하기 시작했고, 민간 보험회사들을 위한 실손형 보험이 시행되었다.

노무현 정부와 삼성의 관계

노무현 정부는 삼성과의 정책적 연대 이전에 인적인 면에서도 긴밀하게 연결되어 있다. 당시 삼성 구조조정본부 이학수 본부장이 노무현 대통령이 나온 부산상고 2년 선배라는 사실은 잘 알려져 있었다. 노무현 대통령은 대통령이 되기 전부터 이학수를 '학수 선배'라고 부르며 잘 따랐다고 한다.[7]

대선 전부터 삼성 측과 연결이 있었다는 정황들이 많다. 김용철 변호사는 노무현 대통령이 임기를 마칠 때까지 삼성의 손아귀를 벗어나지 못했다고

---

7) 김용철, 「삼성을 생각한다」, 사회평론, 2010, p.147.

증언한다. 김용철의 〈삼성을 생각한다〉 책에 보면 노무현 정부 출범 전 삼성 구조조정본부 팀장 회의에 노무현 정부의 명칭 이름에 관한 안건이 올라온 적이 있다고 하는데 당시 회의에서 '참여정부'가 좋겠다고 의견이 모아졌는데 실제 그렇게 되었다고 한다.[8]

노무현 정부는 측근인 이광재를 축으로 국정의 기본 방향 설정에 삼성이 직간접적으로 개입하여 급기야 '삼성공화국'이라는 소리가 터져 나오게 된다.[9] 노무현 대선 후보 시절인 2002년 5월 이광재는 삼성경제연구소에서 출간한 〈국가 전략의 대전환〉이라는 책을 들고 다니며 소개하고 대선 공약으로 삼자고 했고, 대통령 당선 후 2개월의 인수위원회 활동 결과를 묶은 국정운영백서와 별개로 삼성경제연구소에서 작성한 국정운영백서가 당선자에게 전달되었다는 증언도 있다.[10]

2004년 9월 이광재 열린우리당 의원이 주도한 '의정연구모임'은 삼성경제연구소와 공동으로 세미나를 주최했는데, 국민소득 2만 불 달성을 위한 구체적인 방법으로 미국을 포함한 대국과의 FTA를 제안했다. 2005년에는 열린우리당 의원들과의 토론회에서 '매력한국론'을 제기했는데 이는 교육, 의료 부문을 기반으로 개방과 시장주의를 주요한 수단으로 하여 적극적으로 성장을 추구해야 한다는 내용을 담고 있다.[11]

노무현 대통령은 정부 초기에 삼성신화의 주역인 진대제 삼성전자 사장

---

8) 김용철, 「삼성을 생각한다」, 사회평론, 2010, p.146.

9) 우석훈, 지방정부와 삼성의 결탁, 경향신문, 2012. 1. 9.

10) 윤석규, 노무현의 불행은 삼성에서 비롯되었다, 프레시안, 2010. 3. 17.

11) 이광근, 이경환, 「스마트 통치의 등장: 삼성경제연구소의 등장과 영향력 강화」, 「2013년 비판사회학회 춘계학술대회 자료집」, 2013.

을 정통부 장관에 임명했고, 후에 주미대사에 삼성 이건희 회장의 처남인 홍석현 중앙일보 사장을 앉히려 했으나 언론과의 유착 논란과 부동산 투기 논란이 일고 삼성 X파일에도 등장하면서 결국 사퇴했다. X파일이 한참 논란이 되는 와중인 2005년 7월 국가정보원 최고정보책임자(1급 차관보급)에 삼성경제연구소 이언오 전무를 임명하기도 했다.

노무현 대통령 취임사에 언급된 '동북아물류중심국가론'도 삼성경제연구소에서 비롯되었다. 2002년 삼성경제연구소가 기획한 'SERI 연구에세이' 시리즈의 '정책에세이' 첫 호가 남덕우 전 국무총리의 〈동북아로 눈을 돌리자〉였다. '동북아물류중심국가'로서의 가능성을 진단하고 정부의 정책을 분석, 비판하면서 대안을 제시한 책이다.

국정 어젠다가 취약했던 참여정부는 '동북아물류중심국가론' 외에도 이건희가 신경영 10주년을 맞이해 2003년 6월 5일 제2기 신경영 지침에서 발표한 '국민소득 2만 불' 담론을 받아들였다. 이후 삼성경제연구소는 다른 정부 출연 연구소들과 공동으로 경제운용 계획 입안에 참여하게 된다. '2003년 하반기 경제운용 계획'에는 국민소득 2만 불 달성을 위한 다섯 가지 실행계획을 제시하는데, ① 하이테크 신제품 선정, ② 공기업 민영화, ③ 정리해고 체제의 안착, ④ 정리해고 노동자 과잉보호 축소, ⑤ 자유무역지대 설치 등이다.[12]

노무현 정부는 2003년 8월 산업자원부를 비롯한 20여 개 정부부처 및 산하기관을 총망라하여 국민소득 2만 불을 견인할 '10대 성장 동력 산업'을 선

---

12) 이대희, "진보정권 들어서도 삼성연구소 힘 커진다"… 왜?, 프레시안, 2013. 4. 29.

정하여 각 부서별로 경쟁적으로 예산을 편성하고 지원책을 발표했다. 이때 선정 과정에도 삼성의 임원이 참여했다.[13]

2003년 말 삼성경제연구소가 발표한 '국민소득 2만 불로 가는 길'의 핵심은 시장주의와 개방이다. 성장을 위해 각종 규제를 폐지하고 세율을 낮추고 산업평화를 이루며 투자자를 보호하는 방향으로 국내 제도를 바꿀 것을 주장했다.[14] 수월성 위주의 교육을 주장하고, FTA의 필요성을 역설하며, 북과 평화협정을 체결하여 한반도의 냉전구조를 해체해 북한의 시장 진입을 도와 근본적인 위험을 제거할 필요성을 설명한다.[15]

한미자유무역협정(FTA) 어젠다의 논리적 기반 형성에도 삼성경제연구소는 크게 기여했다. 한미 FTA에는 서비스 시장 개방과 의료산업 개방 등이 주요 내용으로 들어가 있는데 이런 내용들은 삼성그룹의 이해관계와 일치하는 것들이다.[16] 한미 FTA 협상 선언 개시 직후인 2006년 3월 삼성경제연구소는 '도대체 왜 한미 FTA를 해야 하는가'라는 보고서에서 '서비스 시장 개방론'을 처음 이슈화했다.[17]

참여정부 시절 장관급의 한미 FTA 통상교섭본부장으로 한미 FTA의 일등 공신이라는 김현종 본부장은 이명박 정부 출범 후 2009년 3월 삼성전자 법무팀 사장으로 전격 영입되었다. 미국 변호사인 김현종은 삼성의 사장단 회의에 처음 참석해서 '기업의 이익을 지키는 것이 나라의 이익을 지키는 일

13) 손욱, 『삼성 집요한 혁신의 역사』, 대성, 2013.

14) 삼성경제연구소, 「국민소득 2만 불로 가는 길」, 연구보고서, 2003.

15) 이종태, 참여정부와 세리 달콤쌉싸름한 관계, 시사인 300호, 2013. 6. 17.

16) 이대희, "진보정권 들어서도 삼성연구소 힘 커진다"···왜? 프레시안, 2013. 4. 28.

17) 김광호, 김재중, "청386, 삼성경제연 보고서 베꼈셨다", 경향신문, 2007. 11. 21.

이라고 생각한다.'고 말했다 한다.[18]

삼성의 신경영 이념을 국정목표로 차용한 것도 모자라 부처별로 돌아가면서 앞다퉈 삼성에서 교육을 받은 것은 참여정부가 국정운영의 방향과 정책에 대해 얼마나 심하게 삼성에 의존했는지를 잘 말해 준다. 당시 민주노동당의 심상정 의원은 국정감사에서 참여정부의 삼성 의존도에 대해 비판한 적이 있다. 정부 핵심 부처 고위 공무원들이 삼성인력개발연구원에 가서 이틀 사흘씩 묵으면서 삼성경제연구소 임원과 연구원들에게 사실상 재교육을 받았는데, 이 교육에서 삼성경제연구소 소장, 부사장, 상무 등이 총출동하여 삼성의 각종 이데올로기를 교육했다고 한다.[19]

2005년은 이건희에게 시련의 한 해였을지도 모르겠다. 5월에 이건희가 고려대에 400억 원을 기부한 후 명예 철학박사 학위를 받기로 했는데 학생들이 집단으로 제지하고 나서는 사건이 벌어졌다. 7월에는 문화방송의 이상호 기자가 국가안전기획부의 도청 내용을 담은 90여 분짜리 테이프인 일명 X파일을 입수하여 폭로하였는데, 여기에는 삼성그룹과 정치권, 검찰 사이의 검은 커넥션이 고스란히 담겨 있었다.

2007년 10월 삼성그룹 법무팀장을 지냈던 김용철의 폭로는 다시 한 번 삼성의 민낯을 국민들에게 그대로 보여 주었다. 이로 인해 경영권 승계, 비자금, 로비 관련 삼성특검이 발의되었고 노무현 대통령은 거부감을 표시하다 2007년 11월에 특검을 수용했다. 특검 수사 개시 99일 만인 2008년 4월

---

18) 김용철, 『삼성을 생각한다』, 사회평론, 2010, p.133.

19) 2004년 9월 국무총리실, 12월 통일부, 2005년 1월 기획예산처, 2월 외교통상부, 4월 공정거래위원회·금융감독위원회·기획예산처, 5월 재경부 등.

17일 수사 결과를 발표하였는데, 이 특검은 삼성의 문제를 제대로 파헤치지 못했을 뿐만 아니라 사실상 삼성에 면죄부를 주었다는 평가를 받았다.[20] 당시 특검을 총괄했던 변호사의 아들이 나중에 삼성전자에 과장으로 특채되었다는 사실이 알려지면서 구설수에 오르기도 했다.

이런저런 사건과 반삼성 여론을 의식해서인지 삼성은 2005년 열린우리당 워크숍에 제출한 '매력국가론' 보고서를 마지막으로 국정담론 조직자로서의 공개적인 역할을 피하기 시작했다. 그러나 많은 사람이 삼성이 막후 역할을 계속했을 것이라고 생각했다. 삼성은 노무현 정부를 거치면서 이데올로기적 장악에 성공해 재벌 이상의 권력을 누렸다. 삼성의 이익이 전체 사회의 이익으로 여겨졌고 삼성의 방식이 우리가 따라야 하는 올바르고 이상적인 방식으로 인식되었다.

노무현 대통령이 "권력은 시장으로 넘어간 것 같다."고 밝힌 시점은 2005년 5월 재벌 총수들도 참석한 첫 대 · 중소기업 상생협력회의를 주재한 자리에서였다. 비슷한 시기에 금융산업구조개선법 개정안을 놓고 일부 조항이 삼성생명과 삼성카드의 계열사 지분 불법 보유에 면제부를 준다는 비판이 일던 시점이었다. 이에 대해 진보적인 학자들은 권력이 시장이 아니라 삼성으로 넘어갔다고 비판하기도 했다.

노무현 정부에서 친삼성 정책이 강화되면서 '개혁3인방'이라 불리던 이정우 정책실장, 이동걸 금감위 부위원장, 정태인 동북아경제중심추진위원회

---

20) 김용철 변호사는 삼성특검과 그 후 재판 과정과 결과에 대해 대국민 사기극 내지 희대의 코미디였다고 얘기한 바 있다. 이건희 일가와 그의 가신들이 저지른 불법과 비리들에 면죄부를 발급한 것 외에도 이건희 일가가 훔친 장물이 피해자가 아니라 이건희 일가의 수중에 들어가게 되었고 편법으로 삼성의 경영권을 이재용에게 넘겨준 것이 합법이라고 승인되었기 때문이라는 것이다.

기조실장 등은 물러나야 했다.[21]

정태인은 2010년 언론에서 참여정부와 삼성의 밀착에 대해 몇 가지 사실을 밝힌 바 있다. '2003년 국민소득 2만 달러 목표 설정도 이모, 권모, 정모 씨 등 청와대 386 당료연합이 삼성이 만든 보고서를 근거로 내세운 것'이라며 '대통령의 태스크포스라고 하는 이모 씨는 처음부터 삼성과 연합해야 된다. 삼성의 지지를 받고 삼성의 정책을 반영해야 된다는 생각을 가지고 있었다.'고 술회했다. 그리고 '삼성에 대해 문제를 제기하면 잘린다는 말을 들었는데 실제 이정우 정책실장은 삼성과 관련된 금산분리 법안을 반대했다가 잘렸고 이동걸 금감위 부위원장은 삼성생명 상장 문제에서 계약자 몫을 늘려야 한다는 주장을 하다가 잘렸다.'고도 했다.[22]

노무현 정부의 의료민영화 정책 전개 과정

노무현 정부의 의료 분야 공약은 '국민건강보험 보장성 80%로 끌어 올리고 공공의료기관의 비율을 전체 의료기관의 30%로 확대'하는 것이 핵심 내용이었다.

그러나 실제 상황은 공약과는 정반대 방향으로 진행되었다. 공공의료 확충에 대한 전략은 보이지 않고 오히려 임기 중 공공의료 부분은 후퇴하게 된다. 반면에 영리병원 허용, 민간의료보험 활성화 등 기업의 이익에 부응하는

21) 조국, 「누가 맘몬의 목에 고삐를 채울 것인가」, 『굿바이 삼성』, 꾸리에, 2010, p.92.
22) 김영태, 정태인, "참여정부, 관료·재벌에 포획돼 있었다", 노컷뉴스, 2010. 4. 15.

방향으로 나아간다. 이때부터 본격적으로 우리 사회에 '의료민영화' 논쟁이
시작된다.

이전 정부에서도 의료산업 육성 정책이 존재했는데 주로 신약, 의료기기,
장비, 식품 등에 관련된 것이었다. 노무현 정부처럼 의료체계의 근간을 흔
들 수 있는 정책들이 제기된 적은 없었다. 정치적 민주화가 정착되고 신자유
주의가 확산되는 분위기 속에 대기업들의 이해를 반영한 정책이 우선적으로
추진된 배경에는 노무현 정부와 삼성의 긴밀한 유착관계가 크게 역할을 했
을 것으로 보인다.

2003년 보건의료발전기획단에서는 향후 5년간의 보건의료발전계획을
마련하였는데 보건의료 분야 산업화 촉진을 위한 논의가 주를 이루었다.
2004년 1월 14일 노무현 대통령은 연두 기자회견에서 "금융, 의료, 법률,
컨설팅 같은 지식산업도 집중 육성해 가겠다."고 밝혔고, 다음 해 1월 13일
연두 기자회견에서도 "의료서비스를 세계적 경쟁력을 갖춘 전략산업으로 육
성한다."고 재차 언급하기도 했다.

의료산업선진화위원회

2005년 3월 8일 개최된 '서비스산업 관계장관회의'에서 의료서비스에 대
한 공공성 강조가 산업으로의 발전을 저해하고 있다는 인식에 기초하여 의
료시장 진입장벽 규제 완화, 외부자금의 유입 등 사실상 영리병원 허용 방
안, 민간의료보험 활성화 방안 등이 논의되었다.

같은 달 보건복지부 산하에 보건의료서비스산업육성 TF가 구성되었고 이어 5월 13일 보건복지부 산하 의료서비스육성협의회가 구성되었는데 여기에는 자본 참여 전문분과협의회, e-health 전문분과협의회, 의료클러스터 전문분과협의회 등의 분과를 두었다.

대통령 훈령 제156호에 따라 2005년 10월 5일 '의료산업선진화위원회'를 설치하면서 '의료산업선진화'라는 용어를 사용하기 시작했다. 초기에 국무총리를 단장으로 정부위원 9인과 민간위원 20인으로 구성되었는데 민간위원에는 이종철 삼성서울병원 원장이 포함되었다. 이 위원회는 출범 당시 핵심 쟁점으로 건강보험 당연지정제 완화 및 폐지의 정도, 민간의료보험활성화 수위, 영리법인 병원 허용 여부 등에 관심이 집중되었다.[23]

위원회는 이후 수차례 회의를 거쳐 의료산업 선진화를 위한 6개 분야 39개 과제를 선정하고 15개 과제 세부 추진 방향 등을 담은 '의료산업선진화 전략'을 마련해 2006년 7월 대통령에게 보고한다. 여기에는 ① 의료서비스 질에 따른 차등보상제도 확대, ② 의료기관의 투명성과 효율성 강화, ③ 해외 환자 유치 전략 추진, ④ 국민건강보험과 민간의료보험 간의 역할 설정, ⑤ 의료 관련 기술혁신 활성화 방안, ⑥ 영리법인 의료기관 등의 내용이 들어 있다.

한국보건산업진흥원에서 발행한 한 보고서에서는 의료산업선진화위원회에서 논의 중인 과제의 몇 가지 정책방향에 대해 언급했다.[24] 혁신형 연구중심 병원 육성은 환자 진료 중심의 병원들을 기업, 대학, 연구소 등과 네트

---

23) 박형근, 「의료서비스산업 선진화 정책이 건강보험에 미칠 영향」, 『건강보험포럼』, 2008년 가을호, pp.82~93.
24) 한국보건산업진흥원, 「의료서비스산업 정책동향」, 『2005 보건산업백서』, 2006. 12. 1.

워크를 구성하여 의료서비스 산업의 가치사슬의 정점에 위치하는 혁신형 병원으로 육성한다는 목표를 세우고 있다고 했다. 건강보험과 관련해서는 신의료기술이 개발되었을 때 시장에서 보상을 받을 수 있도록 지원하고 차등수가체계 등을 개발하여 하이테크 기술에 대한 보상, 적자가 불가피한 핵심시설에 대한 보상 등에 대해 언급했다. 또 해외 환자 유치를 위해 광고규제, 소개알선 규제 등을 완화하고 비자발급 간소화 등 행정적 절차 개선 등 제도 개선을 진행할 계획임을 밝혔다. 병원채권, 기부활성화, 세제지원 등 의료기관의 다양한 자본 참여 방안에 대해 언급하고 의료기관의 적정성 평가, 회계투명성에 대해서도 검토 중이라고 했다. 그리고 민간의료보험의 긍정적인 역할에 대해서도 강조했다.

2006년 12월 12일 관계부처 장관회의에서 '서비스산업 경쟁력 강화 종합대책'으로 그 구체적인 내용의 완결판을 내놓았다. 이를 살펴보면 보건의료 산업화를 위한 재원 조달은 외국 자본과 국내 유동자금을 동원하며, 그 중요한 수단 중의 하나로 채권 발행 방식을 추진한다는 것이다. 또한 외국 자본과 대규모 유동성 자본이 의료서비스에 매력을 갖도록 하기 위해 경제자유구역 내 외국 병원 설치 허용 및 내국인 진료 허용, 의료기관에 수익사업 허용, 병원 경영 지원회사(Management Service Organization, MSO) 허용, 의료기관 유인 알선 금지 조항 완화, 의료광고 허용, 의료기관 네트워크화, 병의원 인수 합병을 용이하게 하는 법률 개정 등 대자본의 이해에 맞추어 의료를 상업화하기 위한 각종 조치들을 모두 포함하고 있다. 이 종합대책에는 영리법인 병원의 허용만 빠져 있을 뿐 이후 정부에서 추진하는 대부분의 의료민영화 정책 과제들의 초안이 들어 있다. 이러한 정책 과제들은 삼

성경제연구소의 보고서들, 삼성생명의 보고서들이 제시하는 정책 방안들과 거의 일치한다.[25]

영리병원 허용 문제는 사회적으로 찬반 논란이 확대되면서 논의 자체가 유보되었다. 그 대신 경제자유구역 내에서 외국인을 대상으로 한 영리병원 설립이라는 우회로를 택했다. 나중에 이명박 정부는 투자개방형 병원으로 이름을 바꾸고 내국인을 대상으로 하는 영리병원 허용에 힘을 쏟았으나 마찬가지로 반발 여론에 부딪혔다.[26]

노무현 정부는 임기 후반기인 2007년 5월 의료민영화 법안을 국회에 제출했다. 의료법 전면개정안이 그것인데 여기에는 병원 경영 지원회사, 병·의원의 인수·합병, 보험회사의 환자 알선 등의 내용이 포함되었다. 이 법안은 국회 상임위에 머물다 17대 국회 종료 후 자동 폐기되었다.[27]

경제자유구역과 영리병원

김대중 정부 말인 2002년 말 '경제자유구역 지정 및 운영에 관한 법률(경제자유구역법)'이 제정되었다. 당시에 경제자유구역에 들어와 거주하게 될 외국인들을 위한 전용병원의 필요성이 제기된 바 있다.

노무현 정부 들어서는 경제자유구역 사업이 더 진행되는데 이에 따라 영

---

25) 송태수, 「정부–기업관계의 변화와 '삼성공화국'론: 의료민영화를 중심으로」, 『다시, 삼성을 묻는다: 삼성과 한국 사회의 선택. 제6차 토론회 삼성의 사회적 지배와 비용』, 토론회자료집, 2014. 2. 21., p.36.

26) 의료정책연구소, 『영리의료법인에 대한 검토와 대안 모색』, 2010. 12.

27) 구영식, 민주당이 의료민영화 원조? 새누리당 지적 맞다, 오마이뉴스, 2014. 1. 17.

리병원 논쟁이 가속화된다. 보건복지부는 2004년 3월 '동북아중심병원 유치를 위한 실무팀'을 구성하고 경제자유구역 내 최고 수준의 외국 병원 유치, 외국의 최고 의료진 초빙, 동북아 환자 우선 진료, 내국인 진료를 허용 검토 등을 발표했다.[28] 2004년 11월 이헌재 장관 주재로 열린 국무회의에서 이를 승인하였고 12월에 여당인 열린우리당은 한나라당의 지지 속에 영리병원 내 내국인 진료를 허용하는 '경제자유구역법 개정안'을 통과시켰다.[29] 2005년 1월 27일에는 경제자유구역법을 또다시 개정하여 외국 자본이 세운 병원에 대하여 영리병원을 허용하기에 이른다.

2006년 7월에는 경제자유구역법 재개정을 추진하는데 이번에는 국내 병원도 경제자유구역 안에서 영리병원을 설립할 수 있도록 해 달라고 나섰다. 대형 병원들의 이해를 대변하는 대한병원협회는 '외국 병원에만 영리병원을 허용하는 것은 역차별이고, 국내 병원에도 영리병원을 허용해야 한다.'는 논리를 내세웠다. 결국 2007년도에 국내 의료법인도 자본 합작 등의 형태로 외국 영리병원에 진출할 수 있는 길이 열린다.[30][31]

외국인전용병원 설립 문제에서부터 시작하여 내국인 진료 허용, 외국인 투자 병원에 대한 영리병원 허용 등으로 확대되었고 나중에는 국내 의료법인도 영리병원 설립이 가능하도록 되었다.

제주도는 경제자유구역과는 또 다른 특별한 지위가 부여되는데 마찬가

28) 이상이 외, 『의료민영화 논쟁과 한국의료의 미래』, 밈, 2008, p.82.

29) 보건복지부는 공공의료를 확대하는 것을 조건으로 내국인 진료를 허용하는 방안을 검토했으나 입법 과정에서는 전제조건이 빠지게 된다.

30) 차형석, 영리병원 밀어붙이는 4대 세력은 누구? 시사인, 2011. 8. 8.

31) 김양중, 10년 논란 영리병원 '밀어붙이기'···의료영리화 논쟁에 '기름', 한겨레신문, 2014. 2. 25.

지로 영리병원 논쟁의 핵심 지역으로 떠오른다. 2006년 7월 시행된 '제주도 특별자치도 설치 및 국제자유도시 조성을 위한 특별법'[32]을 통해 제주도에 '건강보험 요양기관 당연지정제 예외'를 허용했다. 건강보험 적용을 받지 않는 의료기관을 허용한다는 것은 자연스럽게 영리법인 설립으로 이어진다. 이후 제주도에서는 이명박 정부 때인 2008년 영리병원 허용 문제로 한바탕 논란에 휩싸인다. 최근에는 중국 자본이 투자하는 영리병원인 싼얼병원 허가문제로 소동을 겪기도 한다.

민간의료보험 활성화

2004년 국무총리실 산하 규제개혁기획단에 건강보험 태스크포스팀이 구성되었는데 팀원 네 명 중 두 명은 공무원, 나머지 두 명은 삼성생명과 대한생명의 직원으로 구성되었다. 민간보험사를 대표해서 참여한 사람들은 당연히 보험사의 이익을 대변할 수밖에 없는데 인적 구성부터 이들의 이익을 반영하기 위한 것으로 보인다. 보험회사 직원들은 민간보험의 활성화와 국민건강보험 통계 자료에 보다 쉽게 접근할 수 있도록 요구하였다고 한다.

의료산업선진화위원회에서 논의한 '민간의료보험 활성화'는 2005년 보험업법 개정을 통해 본격화되었다. 개인 부담 의료비를 100% 부담해 주는 '실손의료보험상품'을 이전에는 삼성화재나 동부화재와 같은 손해보험회사만

---

32) 제주도의 경우 외교, 국방, 사법을 제외한 대부분의 사무가 지방자치단체로 넘어갔다.

판매가 가능했는데[33] 보험업법 개정으로 삼성생명 등 생명보험회사들도 판매할 수 있게 되었다.

2005년 실손보험이 제도적으로 가능해지자 생명보험회사와 경제부처는 국민건강보험공단이 보유하고 있는 국민의 질병 정보를 민간보험회사와 공유하자고 줄기차게 주장했다. 그러나 원하는 질병 정보를 끝내 얻을 수 없게 된 생명보험회사들은 스스로 보유하고 있는 가입자 질병 정보들을 이용하여 실손의료보험들을 판매하기 시작한다.[34] 그게 가능했던 이유는 당시 보험업법 개정과 함께 실손보험의 위험률을 산정할 수 있는 기초자료인 건강보험의 진료비 통계자료를 보험개발원으로 넘겼는데, 이를 바탕으로 개인 단위 실손의료보험의 위험률을 산정할 수 있었기 때문이다.

재원 조달 체계 민영화의 대표적인 사례가 실손의료보험의 허용인데, 삼성의 지원 아래 2005년에 제도화되고 2007년 이후 매년 300만~500만 명이 가입해 현재 가입자 3천만 명에 이르고 있다. 실손의료보험으로 보험자본은 제2의 도약을 할 정도로 급격히 성장 중인데 확대된 영향력을 바탕으로 제3지불자로서의 건강보험이 가진 지위까지 위협하고 있다.[35]

노무현 정부 내부에서는 국민건강보험을 둘러싸고 분열적 양상을 보였는데 한쪽에서는 보장성을 강화해야 한다고 주장했고 다른 한편에서는 의료민영화를 주장했다.[36]

---

33) 주로 단체보험 형태로 제한적으로 판매했다.

34) 이상이 외, 『의료민영화 논쟁과 한국의료의 미래』, 밈, 2008, p.76.

35) 김종명, 의료민영화? 국민-의료인 모두 불행으로 내몰아, 라포르시안, 2013. 12. 19.

36) 이성재, '시동 걸린 의료민영화' 막을 방법은? 프레시안, 2010. 6. 8.

이명박 정부

이명박 대통령은 기업 CEO 출신으로 취임 때부터 '비즈니스 프렌들리'를 외쳤다. 친삼성의 기조는 지속되는데 삼성특검 후 이건희 단독 사면은 이를 상징적으로 보여 준다.

이명박 정부 내내 의료민영화 논란은 지속되었다. 건강보험 당연지정제 폐지 문제는 정부 출범 초기에 언급되었으나 촛불 시위 후에 포기하였고, 영리병원 논란은 임기 내내 지속되었으며, 민간보험회사들이 판매하는 실손의료보험 가입자는 계속 증가했다. 개인 질병 정보에 갈증을 느낀 보험사들은 정부에 대해 건강보험공단의 개인별 질병 정보 공유를 집요하게 요구한다.

이명박 정부와 삼성

이명박 정부 들어 정부와 삼성의 관계는 노무현 정부 시절처럼 긴밀하지는 않았으나 정책적인 측면에서 기본적으로 재벌 또는 대기업에 우호적이었기 때문에 삼성에게 불리할 이유는 없었다. 삼성과 이명박 정부는 일정한 정도의 동반자 관계를 이루고 있었던 것으로 보인다.

2007년 12월 31일 발표된 이명박 정부 인수위원회 명단에는 황영기 전 삼성증권 사장, 지승림 전 삼성중공업 부사장, 윤증현[37] 전 금감위원장 등 삼성과 관련된 인물이 자문위원으로 등장한다.

2009년 7월 25일 MBC 9시 뉴스는 2007년 11월 대선이 있기 직전 전경

련이 산하 한국경제연구원이 작성한 11권의 백서를 이명박 후보 쪽에 전달했다고 보도했다. '이명박 백서'로 불리는 이 백서에는 대기업의 입장에서 필요하다고 판단되는 규제개혁에 대해 열거하면서 우선순위까지도 제시했는데 대기업의 은행참여 문제, 수도권개발 규제 완화 문제들이 포함되어 있었다고 한다. 보건 분야의 규제개혁에 대해서도 언급했다고 전해지지만, 자세한 내용은 알 수가 없다. 아마도 의료민영화와 관련된 내용들이 다수 포함되었을 것으로 추정만 하고 있다.

이명박 정부에서 매킨지 같은 외국계 컨설팅회사들이 정책에 영향을 미치면서 중요한 국정과제들을 좌지우지했다. 이에 반해 삼성은 이광재가 도지사가 된 강원도,[38] 인천의 송도 신도시, 전북의 새만금 방조제 사업 등 지방정부의 사업에 적극 참여하게 되었다.[39]

이명박 정부가 출범할 당시 삼성에 대한 특검이 진행되고 있었고 출범 직후인 2008년 4월 17일 특검 수사 결과 발표가 있었다. 5일 후인 22일에는 이건희 회장이 경영에서 퇴진하고 전략기획실은 해체하는 내용을 담은 경영 쇄신안을 발표했다. 삼성 재판이 마무리된 것은 출범 다음 해인 2009년 8월이었다. 삼성그룹 자체가 자기 방어에 전력을 다하고 있을 시기였다.

---

37) 나중에 이명박 정부에서 기획재정부 장관을 지냈다. 2009년 1월 기획재정부 장관 내정 소식이 알려지자 시민사회단체에서 반대 성명서가 나온다. "윤증현 씨는 2004~2007년 금감위원장 재직 시절 유독 언론의 주목을 많이 받았다. 2004년 에버랜드 금융지주회사법 위반 논란, 2005년 삼성생명 및 삼성카드의 금산법 24조 위반 논란, 그리고 2006년 이후 거듭된 금산분리 완화 소신 발언 때문이었다. 당시 윤증현 씨는 금융감독 당국 수장으로서 법의 엄격한 집행보다는 재벌 특히 삼성그룹의 기득권 보호에만 매몰되는 편향된 모습을 여지없이 드러냈다."(경제개혁연대, '장고 끝에 악수' 윤증현 기획재정부 장관 내정)

38) 노무현 정부 시절 대통령의 최측근이었던 이광재는 강원도지사에 당선되자 바로 이건희를 방문하여 면담했으며, 이건희가 삼성 특검에 의해 사법 처리된 후 정부에 사면을 요청했다.

39) 우석훈, 지방정부와 삼성의 결탁, 경향신문, 2012. 1. 9.

2009년 이광재 전 의원은 평창 동계올림픽 유치를 위해 이건희 삼성 전 회장에 대한 사면복권이 이루어져야 한다는 입장을 밝혔다. 이후 강원 지역 국회의원과 함께 이귀남 법무부장관을 방문하여 이 전 회장의 사면복권을 공식 요청했다.[40] 2009년 말 이명박 대통령은 평창 동계올림픽 유치를 명분으로 이건희의 단독 사면복권을 결정한다. 8월 14일 파기 환송심 선고공판에서 이건희에게 유죄를 선고한 지 4개월 정도 지난 시점이었다.

2009년 말 이건희 단독사면으로 이명박 정부의 친기업적 성격이 그대로 드러나게 된다. 이건희 단독사면은 평창 동계올림픽 유치 추진이라는 명분 아래 진행되었지만 당시 행정부의 세종시 이전을 반대하던 정부가 이전 반대의 대가로 삼성계열사 일부를 세종시로 이전한다는 빅딜설이 제기되었다. 신규 사업인 바이오시밀러 공장이 세종시에 들어선다는 얘기가 돌기도 했다.[41] 2010년 8·15 특사에서는 이학수, 김인주를 포함한 '비리 5인방'이 모두 법적 구속으로부터 풀려난다.

이명박 대통령의 최측근으로 이름이 회자되었던 천신일 세중나모여행사 회장은 이건희와도 잘 아는 사이이다. 천신일의 부친과 고 이병철 회장이 친분이 두터운 사이였고 이런 사정이 있어 삼성의 해외출장 업무는 천신일 회사에서 독점적으로 대행했다고 한다.

---

40) 조국. 「누가 맘몬의 목에 고삐를 채울 것인가」, 『굿바이 삼성』, 꾸리에, 2010, p.93.
41) 이명박 정부의 세종시 이전 반대 시도는 무산되어 계획대로 행정부처가 이전하게 되면서 삼성 기업의 세종시 이전은 유야무야 되었다. 삼성의 바이오시밀러 공장은 나중에 인천 송도에 자리 잡게 된다.

이명박 정부의 의료민영화 정책

이명박 정부는 노무현 정부의 의료산업화 정책을 적극적으로 계승했다. 2008년 2월 17일 대통령직 인수위원회에서 국정과제를 발표하면서 '건강보험 당연지정제 완화', '민영의료보험 활성화', '건강보험 민영화 검토' 등을 포함시켰다. 이명박 대통령은 후보 시절에도 대표적인 의료민영화론자인 이규식 교수 등이 참여한 청메포럼 주최 간담회 연설에서 "의료를 경쟁력 있는 비즈니스로 함께 만들어 보자."고 연설한 바 있다고 한다.[42]

청메포럼은 '청계'와 '메디컬'을 합한 것으로 의료시장주의를 주장하는 보수적 보건의료학자 그룹인데, 17대 대선에서 이명박 후보의 보건의료정책을 만드는 데 도움을 주었다.[43]

2008년 3월 인수위원회가 주요한 정책 방향을 모아 발표한 '성공과 나눔'이라는 보고서에도 '신성장 동력으로서 의료산업'을 육성하며 민간보험을 활성화하겠다는 의지가 표현되어 있다. 3월 10일 기획재정부의 대통령에 대한 업무 보고에서도 영리병원 검토, 민영보험 활성화, 해외 환자 유치 활성화 방안에 대해 언급하면서[44] 2008년 후반기에 구체적인 방안 제시 및 의료법 개정을 추진하겠다고 했다. 의료법 개정 등은 전통적으로 보건복지 담당 부서의 사안임에도 경제부서에서 나서서 구체적인 정책 제안을 하고 법 개정 추진 의지까지 밝혔다. 이명박 정부 들어 의료정책과 관련하여 주무부서

---

42) 차형석. 영리병원 밀어붙이는 4대세력은 누구? 시사인, 2011. 8. 8.
43) 차형석. 영리병원 밀어붙이는 4대세력은 누구? 시사인, 2011. 8. 8.
44) 이상이 외, 『의료민영화 논쟁과 한국의료의 미래』, 밈, 2008, p.148.

인 보건복지부보다 경제부처의 영향력이 확대되었다.[45] 4월경 경제자유구역 내 외국인 진료 규제 완화에 대한 얘기들이 흘러나왔다. 그리고 정부는 의료보험 민영화를 추진한 적이 있는 네덜란드에 전문가를 파견하였는데, 이는 의료보험 민영화를 추진하기 위한 사전 조사를 위해 이루어진 것으로 보인다.

서비스산업 선진화 방안

2008년 4월 28일 정부는 관광, 교육 등 경쟁력 제고를 위한 '1차 서비스산업 선진화 방안'을 발표했다.[46] 여기에는 의료법을 개정하여 해외 환자의 한국 입국 치료가 가능하도록 하고, 의료기관의 해외 진출, 병원 경영 지원 회사 설립 등 부대사업의 범위도 확대된다. 의사, 변호사 등 전문 업종을 일반인이나 기업에도 문호를 개방한다는 내용들도 포함되었다. 이후 보건복지가족부의 입법예고안을 보면 장관이 부대사업의 범위를 결정할 수 있도록 해 놓았다.

그러나 기세 좋게 진행되던 이명박 정부의 의료민영화 정책들은 광우병 소고기 수입 문제로 불붙은 촛불시위의 기세에 밀려 주춤거렸고 급기야 6월 18일 대통령 임기 내 건강보험 민영화는 없다고 공언하기에 이르렀다. 이즈

---

45) 송태수, 「정부–기업관계의 변화와 '삼성공화국'론: 의료민영화를 중심으로」, 『다시, 삼성을 묻는다: 삼성과 한국 사회의 선택, 제6차 토론회 삼성의 사회적 지배와 비용』, 토론회자료집, 2014. 2. 21., p.38.

46) 노무현 정부에서는 서비스산업선진화 방안으로 2006년 종합대책 159개 과제를 발표했다. 2007년 7월 2차 대책으로 101개 과제를, 2007년 말 3차 대책으로 44개 과제를 선정, 발표한 바 있다.

음부터 의료민영화란 용어가 수도민영화, 가스민영화 등 다른 민영화 정책들과 같이 언급되면서 널리 통용되기 시작했다.

그러나 의료민영화 정책이 중단된 것은 아니었다. 영리병원을 내세운 의료민영화 계획이 촛불시위로 좌절되자 정부는 이를 우회하기 위해 건강관리서비스와 원격의료를 들고 나왔다.

2008년 9월 18일 기획재정부는 서비스산업의 규제합리화 및 제도 선진화를 위한 '2차 서비스산업 선진화 방안'을 발표했다. 방송통신, 법률, 보건, 식품 등 모든 영역에서 자본의 이윤 창출이 가능하도록 하는 광범위한 시장화 전략의 일환이었다. '건강관리서비스 활성화'의 내용은 건강관리에 필요한 생활습관 개선을 위한 평가, 교육, 상담 등을 제공하는 시장을 활성화한다는 명목으로 아직은 건강보험과 같은 공공서비스 분야에서 제공하지 못하는 건강관리 영역을 법령으로 명시함으로써 영리를 목적으로 하는 기업들의 활동을 보장해 주겠다는 것이다. '전문자격사 제도 선진화'의 내용은 의료인이 아닌 일반인도 병의원, 약국, 치과 같은 의료기관을 설립할 수 있도록 하며 복수의료기관의 설립도 가능하게 한다는 것이 핵심이다.[47]

2009년 1월 14일에는 일자리 창출과 성장기반 확충을 위한 '3차 서비스산업 선진화 방안'을 발표했다. 3차례에 걸쳐 발표된 선진화 방안(Service Progress 1, 2, 3)의 실행을 위해 민관공동위원회를 개최하고 구체적인 방안들(Service Progress: NExT)을 마련했다.

4월 윤증현 기획재정부 장관 주재로 열린 제9차 경제정책조정회의에서

---

47) 김형성, 「당신들의 선진화 전략–2단계 서비스산업 선진화 방안 발표를 보고」, 건강사회를위한치과의사회, 2008. 9. 5.

는 '서비스산업 선진화 평가 및 향후 추진 방향'에 대해 논의하면서 투자병원 제도 도입과 외국 의료기관 유치가 원활히 추진될 필요가 있다며 이를 위해 제주도 특별법, 경제자유구역법 등 관련 법률의 국회 처리를 촉구했다.

영리병원과 병원 경영 지원회사 설립 추진

2008년 4월 정부가 발표한 '1차 서비스산업 선진화 방안'에 포함되었던 병원 경영 지원회사[48] 설립은 영리병원에 대한 반대 여론을 피해 가려고 정부가 내놓은 방안 가운데 하나이다. 병원의 부대사업으로 병원 경영 지원회사 설립이 가능하도록 하면 자본조달과 관련해서 영리법인 병원의 설립 허용에 준하는 시장 행동이 활기를 띨 것으로 본 것이다.[49]

경제자유구역 내에 외국 병원을 유치하기 위해 세금감면, 영리병원 설립 허용, 건강보험 요양기관 당연지정제 예외 적용 등의 특혜가 주어졌다. 그 결과 2008년 즈음 송도와 제주에 외국 자본의 영리병원 설립 움직임이 있었으나 결국 성사되지는 못했다.

2008년 6월 3일 한승수 국무총리 주재로 개최된 제주특별자치도 지원위원회에서 '헬스케어타운 부지에 국내 영리병원 설립을 허용키로 관련 부처 간 합의가 이루어졌다.'는 내용이 발표되었다.[50] 이는 노무현 정부 시절부터

---

48) 병원 경영 지원회사란 병원 경영에 대해 자문을 받고 의료기기 구매를 대행하며 간호사나 의사 등 인력까지 파견하는 회사이다.

49) 임준, 「의료민영화가 제기되는 보건의료의 맥락」, 『생명과 의료』, vol. 35, 대구경북인도주의실천의사협의회, 2014, p.39.

꾸준하게 추진되어 온 정책의 연장선상에 있었다. 그러나 시민사회단체의 강력한 반발에 부딪히자 정부는 제주도민 여론조사를 통해 법 개정을 밀어 붙이고자 하였다. 7월 25~26일 양일 간 시행된 여론조사에서 영리병원 허용 찬성 38.2%, 반대 39.9%로 나와 추진에 제동이 걸렸다.[51]

6월 10일에는 외국인 환자 유치를 위한 유인 알선행위 허용과 의료법인 간 합병을 허용하고 부대사업 범위를 보건복지부장관령으로 하는 내용을 골자로 하는 의료법 개정안을 발표했다.

2008년 하반기에 제주도를 제외하고 영리병원을 전국적으로 도입할 의사가 없다던 정부가 1년도 채 안 되어 기획재정부를 중심으로 영리병원을 전국적으로 도입하겠다고 밝히고 나섰다.[52] 환자에 대한 유인, 알선을 허용하는 의료법이 국회를 통과하여 2009년 5월 1일자로 시행되었다. 5월 8일에는 이명박 대통령이 주재한 '서비스산업 선진화를 위한 민관 합동회의'에서 비영리 의료법인의 의료채권 발행 허용, 의료기관 합병 근거의 마련, 병원 경영 지원회사 활성화, 건강관리서비스의 산업화, 의료분쟁조정제도를 마련하겠다고 발표하고, '내국인 영리법인 병원'의 허용은 11월경에 결정하기로 했다.[53]

---

50) ① 외국 영리병원 개설 시 보건복지가족부 장관의 사전 승인을 받도록 한 조치를 폐지하고 이를 제주특별자치도에 부여하여 설립 조건을 완화. ② 제주도에 외국 자본이 투자된 외국 영리병원에 대해서뿐만 아니라 한국인이 세운 병원에 대해서도 영리법인을 허용하는 조치가 내부적으로 사실상 결정. ③ 영리법인 병원에 대해서 재무제표 제출 의무를 생략. ④ 제주도에 세워지는 외국 병원에 대해서는 외국에서 개발된 의약품을 바로 수입 가능하도록 함(이상이 외, 『의료민영화 논쟁과 한국의료의 미래』, 밈, 2008, pp.107~108.)

51) 김명희 외, 『의료사유화의 불편한 진실』, 후마니타스, 2010, p.36.

52) 김명희 외, 『의료사유화의 불편한 진실』, 후마니타스, 2010, p.135.

53) 송태수, 「정부–기업관계의 변화와 '삼성공화국'론: 의료민영화를 중심으로」, 『다시, 삼성을 묻는다: 삼성과 한국사회의 선택, 제6차 토론회 삼성의 사회적 지배와 비용』, 토론회자료집, 2014. 2. 21., p.39.

이러한 정부 방침에 시민사회단체의 반발이 뒤따르자 결국 정부는 2009년 5월 29일 투자개방형 의료법인 도입 필요성 연구에 대한 용역을 기획재정부, 보건복지부 공동으로 발주하여 12월에 결과를 발표했다. 한국보건산업진흥원은 '사실상 반대', 한국개발연구원(KDI)은 '찬성' 입장을 내어 단일 결론을 도출하지 못하고 부처 간 의견 충돌이 재연되어 유보하기에 이른다.[54]

정부는 2010년 4월 6일 '의료법 일부 개정 법률안'을 국무회의 의결을 거쳐 국회에 제출했다. 이 개정안에서 가장 핵심적인 내용은 의료법인이 '병원 경영 지원회사'를 부대사업으로 운영할 수 있도록 한 것이다. 원래는 외부 자금을 받아 의료기관을 설립하거나 투자하고 병원 인수도 가능한 주식회사 형태를 구상했으나 여론 반발을 고려해 병원의 부대사업 형태로 변형한 것이었다.[55] 이 개정안에는 의료인과 환자 간 원격진료를 허용하고 의료법인 합병도 가능하도록 하고 있다. 이 개정안은 시민사회단체의 강력한 반대에 부딪혀 국회를 통과하지 못했다.

그러다 2011년 7월 11일부터 사흘 동안 중앙일보가 '영리병원' 시리즈를 1면에 보도하고 바로 이어 지상파 방송 3사가 토론 프로그램에서 토론 주제로 '영리병원'을 선택하면서 영리병원 문제가 다시 점화된다. 한나라당ㆍ정부ㆍ청와대는 제주와 경제자유구역에 영리병원 설립을 허용하는 법률을 8월 임시국회에서 처리하기로 합의한다.[56]

2012년 4월 17일 국무회의에서 '경제자유구역의 지정 및 운영에 관한 특

---

54) 의료정책연구소, 『영리의료법인에 대한 검토와 대안 모색』, 2010. 12.

55) 이종태, "의료민영화 전 단계 돌입했다", 시사인, 2010. 4. 16.

56) 차형석, 영리병원 밀어붙이는 세력은 누구?, 시사인, 2011. 8. 8.

별법' 시행령 개정안을 의결하였고[57] 4월 30일에는 외국 의료기관의 개설 요건과 구체적인 허가 절차를 담은 시행규칙(보건복지부령)을 입법 예고했다. 보건복지부령에서 정부는 병원을 운영하는 해외 병원의 역할에 대해 ① 병원장은 외국인으로 하고, ② 의사 결정 기구의 과반수를 해외 병원 소속 의사로 하고, ③ 전체 의사 수의 10% 이상, 진료 과목당 1인 이상의 외국 의사가 근무하도록 했다. 10월 29일 대선 정국 와중에 '경제자유구역 내 외국 의료기관 개설 및 허가 절차 등에 관한 시행 규칙'을 공포했다.

인천 경제자유구역청은 영리병원 자금을 조달하기 위해 2012년 시행령 개정안이 통과되기도 전인 2011년 3월 22일 이미 투자자를 선정해 놓았다. 당시 선정된 투자자는 일본 다이와증권, 삼성증권, 삼성물산, KT&G 등이 참여하는 글로벌 컨소시엄이다.

민간의료보험 활성화 정책

2008년 3월 10일 기획재정부가 대통령에게 업무를 보고하면서 제출한 '7% 성장 능력을 갖춘 경제 세부 실천 계획'에는 민간의료보험 활성화 추진 방향으로 '공 · 사보험 정보공유 등 제도개선 추진'이라고 언급되어 있다.[58] 이어서 7월 30일 금융위원회는 건강보험공단이 보유한 환자들의 질병 정보

---

57) 경제자유구역법은 김대중 정부에서 제정되었고 노무현 정부 때 개정을 거듭하면서 영리병원 설립을 허용했다. 외국인 영리병원 설립의 구체적 사항을 명시함으로써 외국계 병원이 우리나라 6개 권역에서 영리를 목적으로 병원 사업을 할 수 있도록 구체화했다.

58) 이상이 외, 『의료민영화 논쟁과 한국의료의 미래』, 밈, 2008, p.163.

를 민간보험사와 공유하겠다는 계획을 발표했다. 금융위원회가 보험사기를 조사하기 위해 국민건강보험공단 등 공공기관에 개인정보 제출을 요구할 수 있도록 금융위원회에 권한을 부여하고 이 요청을 받은 기관은 의무적으로 자료를 제공해야 한다는 것이 핵심 내용이다.[59]

2009년 2월 11일 한나라당 공성진 의원은 보험사기 적발을 위해 금융위원회가 건강보험공단 등에 개인 질병 정보를 요청할 수 있도록 하는 내용의 보험업법 개정안을 대표 발의하였으나 시민사회단체들의 강력한 항의에 직면했다.

보험사기 적발이라는 명분을 내걸었지만 이는 표면적인 이유에 불과했다. 현재도 보험 관련 범죄가 발생하면 검찰 등의 수사기관이 건강보험공단에 질병 정보를 요청해서 열람할 수 있다. 실제 국회 보건복지위원회 소속 김용익 의원이 건강보험공단에서 받은 '건강보험공단 개인정보 외부 기관별 제공 현황'을 보면 2010년 1월부터 2014년 6월까지 4년 6개월 동안 모두 435만 1,507건의 의료정보가 검찰과 경찰에 제공되었다고 한다. 하루 평균 2,649건에 이른다. 주로 수배자나 실종자의 위치 파악이나 보험사기 등 범죄 수사와 관련된 내용인데 형사소송법과 경찰관직무집행법을 근거로 영장 없이 정보 제출을 요구하고 있다고 한다.[60] 보험회사들은 개인 질병 정보에 대한 접근을 정부나 국회에 끊임없이 요구하는데, 개인들의 질병 정보가 보험 운영과 관리에 방대한 이익을 가져다줄 원천이기 때문이다. 이는 공보험의 정보 독점을 허물어 공보험의 권위를 무너트리고 최종적으로는 민간보험

---

59) 김명희 외, 『의료사유화의 불편한 진실』, 후마니타스, 2010, p.38.
60) 박수지 외, 검·경, 매일 수천 명 의료정보 본다, 한겨레신문, 2014.10.17.

으로 대체하려는 그들의 희망 사항을 반영하는 것이다.

한동안 조용하다가 이명박 정부 임기 말에 다시 새로운 제안을 들고 나온다. 이번에도 마찬가지로 금융위원회가 앞장선다. 2012년 8월 30일 금융위원회는 '실손의료보험 종합개선대책'을 발표했는데, 이 대책에 '보험정보원' 설립 추진 내용이 포함되었다. 보험정보원은 민간 심사 위탁 대행기관으로 건강보험심사평가원과 같은 기능을 맡게 된다. 만약 이게 현실화된다면 민간 기관이 급여·비급여 항목 모두에 대해 광범위한 정보를 모을 수 있게 된다.

같은 해 12월 26일 금융위원회 위원장 명의의 '안건번호 제93호, 보험정보 집중체계 개선방향'이라는 보고서에는 진료 정보를 관리하는 보험개발원, 생명보험협회, 손해보험협회, 건강보험심사평가원(심평원) 등 4개의 기관에 분산된 의료 정보를 보험정보원으로 모으자는 내용을 담고 있다. 진료 정보와 심사 정보를 공보험과 민간보험이 공유한다는 뜻이다.

이렇게 보험정보원이 설립되어 이를 통해 정보가 집중되면 다음에는 건강보험심사평가원의 급여 정보를 상호 교류하는 것이 목표다. 이러한 보험정보원 설립 구상에 의하면 의료 정보-보험 정보, 진료 정보-심사 정보, 공보험-민간보험, 급여-비급여 정보가 모두 통합되는 초대형 정보 빅브라더가 출현하게 되는 것을 의미한다.[61]

보험정보원이 설립되면 공보험과 민간보험 사이에 진료 정보와 심사 정보가 공유된다. 비급여와 급여 부분의 자가 부담 비용을 보상해 주는 민간보험은 이에 대한 심사를 주관하면서 환자의 진료 정보를 축적하고 심사 노하

---

61) 민병두, 「삼성생명의 의료민영화 전략과 보험정보원 설립의 문제점」, 『대한병원협회지』, 2013 3~4월호.

우를 배우게 될 것이다. 지금은 민간보험이 심사 기능이 취약해 공보험과 경쟁하기 어렵지만 보험정보원이 설립되면 이를 통해 심사 역량을 키워 공보험과 경쟁 체제를 갖출 수 있게 된다. 보험정보원의 설립은 공보험과 민간보험 간 완전 경쟁 체제로 가는 디딤돌 역할을 수행하게 될 것이다. 보험정보원 설립도 강력한 반대에 부딪혀 2013년 초 일단락되었지만 언제든지 다시 재연될 가능성이 있다.

성별, 연령별, 지역별, 소득별로 어떤 환자가 어떤 질병으로 어느 의료기관에서 어떤 진료를 받는가 하는 정보는 민간보험 입장에서는 보험상품 개발에 매우 중요한 기초 정보가 된다. 민간보험회사 입장에서 볼 때 소득이 높아 보험료를 부담할 능력은 있지만 비교적 건강하기 때문에 병원 이용률이 낮은 인구 집단이 수익을 가장 많이 올려 줄 대상이 된다. 이들을 위한 보험상품을 만들고 마케팅을 집중한다면 수익을 극대화할 수 있다. 가난하여 보험료 부담 능력이 떨어지거나 질병이나 장애가 있어 병원 이용률이 높은 집단은 당연히 이들의 마케팅 대상에서 제외될 수밖에 없을 것이다.[62]

그리고 단순하게 보험 상품 개발을 넘어서서 특정 개인이 민간보험회사에 보험 가입을 요청할 경우 보험사 입장에서는 이 개인의 질병 정보에 접근할 수 있다면 신청자와 계약을 할 것인지 말 것인지 판단할 때 상당히 유리해질 것이다. 개인의 질병력이나 병원에 다녔던 기록들을 확인할 수 있다면 앞으로 이 사람이 얼마나 자주 병원을 다닐지 예측이 가능해진다. 보험사 입장에서는 병원에 자주 가면 지출이 증가할 것이기 때문에 이런 경우 계약을

---

62) 김명희 외, 『의료사유화의 불편한 진실』, 후마니타스, 2010, p.39.

거부하는 빌미로 이용할 수 있게 된다.

유헬스와 건강관리서비스법

이명박 정부 출범 직후인 2008년 4월부터 정부는 의료계, 보건산업진흥원, 학계, 건강관리서비스회사[63] 관계자들로 '건강관리서비스 활성화 TF'를 구성하고 수차례 회의를 거쳐 개념, 범위, 공급 기관 종류, 시설 및 인력 기준, 가격 관리체계 등 입법을 위한 주요 쟁점들에 대해 논의를 진행한 바 있다.

2009년 5월 26일 이명박 정부는 '신성장 동력 종합추진계획'을 통해 원격의료 가능 범위를 확대하고 유헬스의 서비스 범위를 단계적으로 확대하여 건강관리서비스까지 발전시키겠다는 구상을 발표했다. 이 계획에는 ① 의료취약지역 등을 중심으로 유헬스 시범 사업을 조기에 실시하고 이후 만성질환에 대해서는 원격관리 서비스를 전국으로 확대하겠다는 방침을 정하고, ② 민간 참여 활성화를 위한 법, 제도를 정비하며 '유헬스 활성화 종합계획'을 수립하고, ③ 유헬스 원천기술 개발, 표준 · 인증제 도입, 국제 표준화 지원과 전략 분야(질병 원격 모니터링, 조기 진단, 건강관리) 상용화 모델을 발굴하여 지원하고, ④ 해외 거주 국민과 해외 환자에 대한 원격의료서비스를 제공할 수 있도록 하겠다는 것이다.[64]

---

63) 당시 삼성에서 운영하는 '365홈케어' 등 10여 개의 회사가 활동하고 있었다.

2009년 7월 보건복지부에서는 기존에 금지되어 있던 의사-환자 간 원격의료 허용 안이 포함된 의료법 개정안을 입법 예고하고 다음 해 4월 보건복지부에서는 원격의료 허용 범위 확대를 골자로 한 의료법 개정안을 제출하였으나 국회에서 계류하다가 자동 폐기되었다.

2010년 5월 17일 국회 보건복지위원장인 변웅전 위원장을 비롯한 국회의원 11명이 '건강관리서비스법'을 발의했다. 이 입법안에 따르면 '건강관리서비스란 건강의 유지 증진과 질병의 사전 예방 악화 방지 등을 목적으로 위해한 생활 습관을 개선하고 올바른 건강관리를 유도하는 상담, 교육, 훈련 실천 프로그램 작성 및 이와 관련하여 제공되는 부가적 서비스'를 말한다. 건강관리서비스요원은 그 자격을 대통령령으로 정하고 비의료인도 교육을 이수하면 요원이 될 수 있다. 또한 승인받기 위한 시설, 장비 및 인력을 갖추고 기초 자치단체에서 개설 허가만 받으면 누구라도 건강관리서비스 기관을 개설할 수 있으며 원격 건강관리를 제공하는 것도 가능하도록 하고 있다. 이 법안 발의에 앞서 3월에 지식경제부가 유헬스 산업 육성을 위해 세계 최초로 대규모 시범사업을 실시한다고 발표했다. 유헬스를 통해 대형병원의 원격진료가 가능해지면 민간영리기업과 민간의료보험회사를 통해 관리되는 건강관리서비스는 원격진료를 통해 대형병원과 연계될 가능성이 높다.[65] 건강관리서비스를 시장을 통해 개인에게 직접 제공하는 방식이며 이는 IT 기술 발전에 따라 이들 산업체의 이해를 반영하는 것이다.[66]

---

64) 송태수, 「정부-기업관계의 변화와 '삼성공화국'론: 의료민영화를 중심으로」, 『다시, 삼성을 묻는다: 삼성과 한국 사회의 선택』, 제6차 토론회 삼성의 사회적 지배와 비용」, 토론회자료집, 2014. 2. 21., pp.42~43.

65) 이진우, 「이명박 정부의 의료민영화 현황과 문제점」, 사회진보연대.

변웅전 의원이 대표 발의한 법안이 양당의 반대로 보건복지위원회에 상정도 되지 않자 다음 해인 2011년 손숙미 의원이 '국민건강관리서비스법'을 국회에 제안했다. 이 법안은 이전 법안과 달리 민간보험사가 건강관리서비스 제공 기관을 개설하는 것은 물론 출자하거나 투자하는 것을 금지하는 조항을 추가했다. 개인 정보 규정은 강화하고 서비스 범위도 고혈압, 당뇨 등 만성질환 예방 목적으로 하는 영양, 운동 지도 등에 한정했다. 이 법안에 대해 생명보험사들은 진입 규제에 따른 기본권의 과도한 침해, 타사업자와의 형평성 문제 등의 이유로 부당하다는 의견서를 보건복지위원회에 제출한다.[67] 건강관리서비스업에 대한 민간보험업계의 관심을 보여 주는 대목이다. 건강관리서비스 법안들은 시민단체 등의 반대에 밀려 18대 국회 임기만료로 자동 폐기되었다.

---

66) 시민건강증진연구소, 「건강관리서비스법, 시민의 건강 증진을 위한 대안인가?」, 시민건강이슈 2010-01, 2010.

67) 건강관리서비스에 대한 생보업계의 의견, 2011. 5. 13.

박근혜 정부

삼성은 여전히 박근혜 정부와도 끈끈한 관계를 유지한다. 이전부터 지속되어 온 의료민영화 정책은 포장만 바꾸어 다시 등장한다. 대표적인 것이 의료법인의 영리자회사 설립 허용이다. 영리병원 추진이 여의치 않자 병원 자체는 놔두고 병원 아래 영리회사를 설립할 수 있도록 만들어 놓았다. 영리병원의 박근혜 정부 버전이라고 볼 수 있다. 그러면서 의료민영화가 아니라고 주장한다. 또한 박근혜 정부는 원격의료에 유난히 애착을 보인다. 창조경제의 모델로 인식하고 강력한 추진 의지를 보이고 있다.

박근혜 정부와 삼성

박근혜 정부가 들어서면서 삼성과의 긴밀도는 더 강해지고 있다. 2013년 12월 10일 현명관 삼성물산 전 회장이 마사회장에 취임했다. 현명관은 이건희 회장의 비서실 책임을 맡았던 경력이 있고 박근혜 대통령 취임 이전 싱크탱크였던 국가미래연구원 멤버인 데다 대선 경선 때는 캠프에서 정책위원을 맡기도 했다.

2013년 12월 16일 KT 이사회는 이석채 회장의 후임으로 황창규 삼성전자 사장을 선정했다. 정부의 입김이 크게 작용할 수밖에 없는 자리여서 삼성 관련성에 대한 의혹이 제기되었다. KT 회장에 취임 후 황창규는 핵심 보직에 삼성 출신들을 앉히고 삼성 방식의 경영을 구체화하고 있다. 회장 직속의 미래융합전략실을 신설했는데 이름뿐만 아니라 운영 방식도 삼성그룹의 미래전략실을 따라 하고 있다고 한다. 삼성과의 협력도 확대되고 있는데 삼성전자와 함께 타이젠폰 개발에도 나섰다. 이는 국내 기업 최초로 단말기-운영체계-통신서비스라는 체계를 완성하는 사례로 주목받고 있다.[68]

박근혜 대통령은 세월호 참사 후 2014년 6월 단행한 개각에서 '삼성미래기술육성재단'의 최양희 초대 이사장을 미래부 장관에 임명했다. 이 재단은 삼성그룹이 정부의 창조경제 정책을 뒷받침할 창의적인 미래 과학기술 육성을 위해 2013년 6월 설립했다. 안전행정부장관에 취임한 정종섭 서울대 교수는 최근까지 삼성생명의 사외이사를 맡았고, 청와대 교육문화수석으로 임명된 송광용 전 서울교대 총장은 충남 삼성고의 학교법인인 삼성학원의 이사였다.

창조경제로서의 의료민영화

박근혜 대통령은 대선 기간 중 '4대 중증질환 100% 보장', '어르신 임플란트 진료비 경감', '저소득층 및 중산층 환자의 본인부담 의료비 경감' 등의 공약을 내걸었다. 그러나 이 공약은 오래가지 못하고 파기되거나 수정되었다. 인수위원회 때부터 4대 중증질환에서 3대 비급여(특진료, 상급병실료, 간병서비스료)를 제외하는 것으로 정리되었고 급여 부분에 대한 보장성 강화조

---

68) 김디오데, KT의 '삼성화' 추구하는 황창규, 비즈니스포스트, 2014. 5. 14.

차도 흐지부지 되고 있다. 반면에 의료민영화와 관련한 다양한 정책들은 공약에 명시된 바 없음에도 창조경제의 이름으로 강하게 밀어붙이고 있다.

메디텔의 허용

2013년 5월 1일 박근혜 대통령은 무역투자진흥회의에서 대형병원이 서울에 메디텔을 세울 수 있도록 관련 규제를 완화하겠다고 밝혔다. 이어 5월 31일 문화체육관광부를 통해 입법 예고된 메디텔 시행령(관광진흥법 시행령 개정안)은 병원은 물론이고 보험회사를 포함한 이른바 '해외 환자 유치업자'까지 의료숙박업을 할 수 있게 해 주는 법안이다. 메디텔을 매개로 병원과 보험회사가 연계될 수 있는 셈이다. 병원과 보험회사가 직접 계약을 맺고 보험회사가 환자 알선 유치 행위를 하는 것은 미국식 의료민영화의 길이다. 환자 알선이 국내 환자로 확대될 가능성도 있으며 보험회사가 메디텔을 매개로 의료기관을 지배하게 될지도 모른다.[69] 2013년 10월 의료관광호텔을 신설하는 내용의 '관광진흥법 시행령 일부 개정안'이 결국 국무회의를 통과했다. 경과 기간을 거쳐 2014년부터 본격적으로 시행되었다. 보건복지부는 메디텔이 본격 도입되는 2014년을 '2020년 해외 환자 100만 명 유치'를 위한 원년으로 삼고 관련 정책을 적극 추진할 예정이라고 한다. 외국인 환자를 가장 많이 유치하는 병원들은 상급종합병원들인데 이들 병원들은 유치할

---

69) 의료민영화저지와 무상의료실현을 위한 운동본부, 「박근혜 정부는 의료민영화 재추진을 중단하라」, 성명서, 2013. 6. 13.

수 있는 외국인 수가 '전체 병상의 5% 이내'로 묶여 있다. 해외 환자 100만 명 유치를 위해서는 메디텔이 도입되어야 이 규정의 제한을 벗어날 수 있다는 논리이다.

삼성서울병원의 경우 2011년 외국인 환자 유치를 목표로 일원역 근처에 호텔 건립을 추진해 왔으나 주민 반대로 무산된 적이 있다. 메디텔의 허용으로 좀 더 유리한 환경이 조성된 것으로 보인다.

의료계와 시민사회 단체들은 메디텔이 의료상업화와 대형 병원으로의 환자 쏠림을 가속화시킨다는 이유로 반대해 왔다. 의료민영화 정책의 일환이라는 것이다.

제4차 투자 활성화 대책

2013년 12월 13일 박근혜 정부는 제4차 투자 활성화 대책을 발표했다. 이 대책 중에는 보건의료와 관련하여 6가지 항목이 포함되었는데, ① 의료법인 부대사업 목적 자법인 설립 허용, ② 의료법인 부대사업 범위 확대, ③ 의료법인 간 합병 허용, ④ 영리법인 약국 허용, ⑤ 신약, 신의료기기 허가 간소화, ⑥ 원격의료와 건강관리서비스 지속 추진 등이다.

'의료법인 부대사업 목적 자법인 설립 허용' 방침은 의료법인의 영리법인화 반대 여론이 강하고 이를 시행하려면 법을 개정해야 하므로 그 대신 의료법인으로 하여금 영리법인을 자법인으로 둘 수 있는 길을 열어 놓은 것이다. 자회사의 사업 분야는 '바이오 등 연구개발 성과물 응용, 의료기기 등 구매, 의료기관 임대, 숙박업, 여행업, 외국인 환자 유치업, 의약품 개발, 화장품 · 건강보조식품 · 건강식품 · 의료용구 개발 · 임대 · 판매, 의료기기 개발, 온천 · 목욕장업, 체육시설, 서점 등' 다양하다.

대형 영리법인 약국 설립 및 약국의 프렌차이즈도 가능하도록 하는 방안이 포함되어 있는데 이는 영리병원 허용과 비슷한 효과를 낼 것이다. 약값 자체는 아닐지라도 약국 이용 비용은 늘어날 가능성이 있다. 수익성 경쟁에 내몰린 약사들과 약국 직원들이 값비싸고 보험 적용이 안 되는 약을 권유할 가능성이 커질 것이다.[70]

투자활성화 대책과 이를 반영한 의료법 개정안이 통과되면 병원의 영리 자회사가 투자자에게서 자금을 조달하고 그 이익을 투자자에게 배당하는 통로가 될 수 있다. 이는 자회사가 모병원의 자금 조달 및 이익배당 통로로 활용되면 병원 자체가 영리병원이 되는 것과 같아진다. 이렇게 되면 병원은 투자자의 수익을 극대화하기 위해 이윤을 추구할 수밖에 없게 된다는 비판이 제기되었다.[71] 민간보험사들도 병원과 함께 공동 출자 방식으로 영리자회사 설립이 가능해지는데 해외 환자 유치를 위한 전문기업을 설립할 수 있게 된다. 이는 삼성생명 내부 전략보고서[72]에 언급된 의료보험 민영화 전략에 비춰 볼 때 현 실손보험 단계에서 병원과 연계된 부분 경쟁형 단계로 진행되는 것을 의미한다. 내국인을 대상으로 하지 않는다는 점을 제외하면 미국의 민

---

70) 장호종, 「박근혜의 의료민영화, 무엇이 문제이고 어떻게 막을 것인가」, 노동자연대, 2014, p.40.

71) 우석균, 「박근혜 정부의 전면적 의료민영화: '보건의료투자대책'의 문제점」, 「박근혜 정부 '의료영리화 정책' 진단」 토론회자료집, 2014. 1. 14.

72) 삼성생명, 민영건강보험의 현황과 발전 방향.

간의료보험과 동일한 사업을 하게 되는 것이다.[73]

뉴스타파에서는 박근혜 대통령 인수위 국정과제 보고서 및 정부의 4차 투자 활성화 대책과 삼성이 진출한 의료 관련 사업을 비교한 결과 정부의 7가지 의료정책 방향과 삼성의 의료사업 중점 추진 분야가 정확하게 일치한다고 발표한 바 있다.[74]

영리병원과 영리자회사

2013년 12월 정부가 발표한 제4차 투자 활성화 대책에 영리자회사에 대한 언급이 있었으나 2014년 3월에는 '경제혁신 3개년 계획'에서 영리자회사 설립을 법률이 아닌 '가이드라인 제정 등을 통해' 추진하겠다고 밝혔다. 그리고 경제자유구역과 제주도에 '투자개방형 병원 설립 지원' 방침도 밝혔다.

2014년 6월 10일 의료법 시행규칙 일부개정안을 입법예고하고 관련 영리자회사 설립 가이드라인을 마련했다. 의료법인에 영리법인의 자회사를 둘 수 있도록 하는 정책은 정부가 의료민영화가 아니라고 밝히고 있듯이 민영화 논란을 피하기 위한 꼼수의 일환으로 보인다. 지지부진한 영리병원 설립에 돌파구를 마련하기 위해 우선적으로 자회사 방식으로 영리법인을 설립할 수 있도록 하는 우회로를 마련한 셈이다.

투자개방형 병원 설립 지원 방침은 외국 영리병원이 여전히 경제자유구

73) 김태훈, 「의료법인 자회사 허용의 수혜 기업은?」, 정세보고서 2014-1, 사회진보연대 정책위원회, 2014. 1. 20.
74) 최경영, 박근혜 의료정책···삼성은 웃고 있다, 뉴스타파, 2014. 3. 11.

역에 들어오지 않자 경제부처 쪽에서는 '외국인의 최소 투자 비율이 50%를 넘어야 하고 외국 의사면허를 가진 의사 비율이 10% 이상 돼야 하며 외국인 간호사나 의료기사 등이 일할 수 없다.'와 같은 규제 때문이라고 주장해 왔다. 2013년 11월 대통령 자문기구인 국민경제자문회의는 서비스산업 발전 방안을 박 대통령에게 보고하면서 이런 규제를 완화해 달라고 요구했는데 이런 요구가 경제혁신 3개년 계획 담화에 반영된 것으로 볼 수 있다.[75] 2014년 8월 대통령이 주재하는 무역투자진흥회의에서는 보건의료 분야를 포함한 '유망서비스 활성화 대책'을 발표하면서 이런 조건을 '외국 의사의 종사가 가능하다.' 정도로 낮춘다고 발표했다.[76]

김대중 정부 시절부터 경제자유구역에 외국인 편의 제공이라는 명분으로 '외국인 병원'을 설립하는 문제가 지속적으로 제기되었으나 경제자유구역이 제대로 활성화되지 못하면서 외국인 병원은 점차 국내 자본 투자를 허용하고 내국인 진료를 허용하는 방향으로 완화되는 조치들이 이루어져 온 셈이다.

2013년 2월 중국 톈진 하업그룹이 제주도에 영리병원인 싼얼병원 설립 신청서를 제출했으나 응급대응체계 구축 미비와 줄기세포 시술에 대한 모니터링 문제를 제기하면서 보건복지부가 일단 승인을 보류했다. 정부는 규제 완화 차원에서 영리병원 승인의 분위기를 조성해 나갔다. 그러나 모기업이 사실상 부도상태인 것으로 알려졌고, 회장은 사기대출을 받은 혐의로 구속된 상태였으며 더욱이 모기업 산하 회사 두 곳은 아예 존재하지도 않는 것으

---

75) 김양중, 손준현. 10년 논란 영리병원 '밀어붙이기'…의료영리화 논쟁에 '기름'. 한겨레신문. 2014. 2. 25.
76) 김양중 외. 미국식 영리병원 문 활짝…"의료비 폭등 재앙 우려" 우려. 한겨레신문. 2014. 8. 13.

로 밝혀지면서 여론이 악화되자 2014년 9월 정부는 싼얼병원 승인을 포기한다. 영리병원이 설립되어 자리 잡으면 앞으로 전국 8군데의 경제자유구역에서도 연쇄적으로 영리병원이 설립될 가능성이 높아진다.

2013년 4월 인천시(송영길 시장)는 그동안 영리, 비영리 논쟁이 계속되어 온 인천경제자유구역 내 송도국제병원의 경우 비영리로 추진하기로 공식화하고 비영리 국제병원 사업 타당성 조사 협약을 체결했다. 그러나 이 사업에 참여하기로 한 서울대병원이 소극적으로 나와 계획은 지지부진해졌다. 10월에는 한진그룹과 협약을 맺고 송도에 '한진의료복합단지' 설립 계획을 발표했으나 진척이 되지 않았고 2014년 4월에는 차병원그룹 계열사인 차헬스케어와 인천 청라신도시에 '청라의료복합타운'을 조성하는 계획을 발표했다.[77]

2014년 지방선거에서 송영길 시장을 물리치고 인천시장으로 당선된 새누리당 유정복 시장은 의료관광 활성화를 위해 송도에 영리병원 설립을 추진하겠다는 의지를 표명했다.

스마트케어 사업과 원격의료

2013년 4월 기획재정부는 청와대 업무보고에서 서비스산업 육성을 위해 의사와 환자 간 원격의료 허용을 위한 방안을 마련하겠다고 보고하였으며,

---

77) 권문수, 인천시 의료복합타운 두고 의료민영화 의혹 제기, 시사메디IN, 2014. 5. 13.

5월 국무회의에서 박근혜 대통령은 창조경제의 예로 원격의료를 언급한 바 있다. 원격의료는 박근혜 정부의 핵심 사업이 되었다. 5월 22일 열린 '경제자유구역 서비스 허브화 추진 방안' 간담회에서는 경제자유구역 내에서 건강관리서비스, 원격진료를 시험 추진하겠다고 밝혔다.

6월 10일 새누리당 심재철 의원이 건강관리서비스 도입과 함께 원격의료를 '의사 대 환자'에도 확대하겠다는 내용을 담은 '의료법 일부개정 법률안'을 발의하였으나 국회를 통과하지는 못했다. 6월 25일 국무회의에서는 유헬스 활성화를 위해 관련 규제를 대폭 완화하기로 결정하였으며, 10월 29일에는 보건복지부가 원격의료 시행의 내용을 담은 '의료법 일부개정 법률안'을 입법예고했다. 반발을 고려하여 원격의료 시행의 대상을 동네 의원으로 좁힌 것 이외에는 2010년 입법예고했던 법안과 크게 다르지 않았다.[78]

산업통상자원부는 2013년 11월 12일 스마트케어 시범사업의 경제적·기술적 타당성에 대한 종합 분석 결과를 발표했다. 헬스케어 산업 발전과 국민건강 증진이라는 목적을 내걸고 2010년부터 3년간 총 300억 원의 사업비를 투자해 만성질환자 1만 명에게 원격진료, 건강관리서비스를 제공하는 내용의 사업이다. 처음에는 한 군데만 선정한다고 했는데, LG 컨소시엄과 SKT 컨소시엄 두 군데가 신청하자 결국 두 군데 모두 선정했다. 삼성은 SKT 컨소시엄에 참여했다. 여기에는 SK 텔레콤, 삼성전자, 인성정보, 삼성생명, 인포피아, 경기도, 전라남도, 충청북도와 100개의 의원 및 30개의 요양원, 7개의 종합병원 등이 참여했다.[79] 오래전부터 원격진료에 대해 관심

---

78) 유지혁, 김태훈, 「원격의료에 대한 비판적 검토」, 정세보고서 2013-3, 사회진보연대, 2013. 10. 31.

79) HMC투자증권, 「삼성그룹의 바이오제약 산업 도전」, 2011. 2. 28.

을 갖고 꾸준히 준비를 해 온 대기업과 대형병원들이 이 시범사업에 적극적으로 참여했다.

이 시범사업은 2010년 4월부터 2013년 6월까지 총 355억 원을 투입하여 진행되었다. 고혈압, 당뇨, 대사증후군 등 만성질환자들을 대상으로 환자들이 직접 병원을 방문해 진단, 치료, 투약을 하는 방식에서 벗어나 IT 기술을 이용해 원격의료에서 건강관리까지 가능하게 하는 신개념의 의료서비스 모델을 구축하는 사업이다.

종합 분석 결과에 따르면 이 기간 동안 만성질환자 3,477명을 대상으로 총 355억 4천만 원의 예산을 투입하여 의료기관과 스마트케어센터 간 연계를 통한 원격서비스를 제공했다.[80] 만성질환자들을 대상으로 원격의료서비스를 제공하는 경우 단순 약물 복용 환자들에 비해 치료 효과 개선이 있으며 향후 원격의료 허용 시 만성질환관리 방안으로 활용할 가치가 충분하다고 결론짓고, 바이오융합을 통한 '헬스케어 신시장 창출 전략'을 전격적으로 발표했다.

이에 대해 대한의원협회에서는 실제 참여 환자 수가 예상보다 훨씬 줄고 데이터 누락 의혹도 있으며, 발표 데이터 상에서도 의학적 타당성, 기술적 타당성, 경제적 타당성 모든 면에서 원격의료의 우월성을 입증하지 못하였다고 평가했다.[81]

민주당의 김용익 의원은 산자부로부터 제출받은 스마트케어서비스 임상시험 결과보고서를 분석하고 산자부의 발표 내용이 보고서와 달리 심하게 왜

---

80) 양영구, 산자부의 엉터리 스마트케어 시범사업 분석, 라포르시안, 2013. 11. 13.

81) 조민규, 산업부의 스마트케어 서비스 시범사업은 '실패', 쿠키뉴스, 2013. 11. 13.

곡되었다고 주장했다. 시범사업과 관련하여 총 4편의 보고서가 있는데 3편에서는 원격의료의 우월함을 임상적으로 입증하지 못한 것으로 확인되었다고 밝혔다. 삼성이 포함된 SKT 컨소시엄이 고혈압, 당뇨, 비만(대사증후군)에 대해 실시한 임상시험은 6개월 만에 81.3%의 환자가 탈락해 조기 종료되었고 6개월 간의 임상시험 결과도 대부분 통계적으로 유의하지 않았다. LG전자 컨소시엄의 고혈압, 당뇨, 비만 관련 3개 보고서 중에서 고혈압, 당뇨에 대해 실시한 임상시험의 경우 혈압과 혈당 강하에 있어 기존 대면 진료에 비해 통계적인 우월함이 나타나지 않았다. 다만 비만(대사증후군)에 대해 실시한 임상시험의 경우 대면 진료에 비교해 유효성에서 우월성이 확인되었다.[82]

원격의료 추진 기업들이 구상하는 원격의료에는 단지 의사와 환자 간의 원격진료만이 아니라 의료기기 판매업, 의약품 조제와 배송, 만성질환 및 건강관리를 빙자한 고가의 건강검진 상품 등이 포함되어 있다. 정부는 노인이나 장애인들을 위해 원격의료가 필요하다고 주장하나 이들의 경우 컴퓨터나 전용 단말기 사용이 더 어려울 수도 있다. 정부가 예상하는 원격의료 대상은 850만 명이라고 한다. 각 가정마다 이를 위한 장비를 설치해야 하는데 최소 100~150만 원 정도 들고, 월 이용료는 별도로 지불하는데 평균 3만 원 이상일 것이라고 한다. 효과와 안정성이 입증되지 않은 상황에서 이런 고비용을 지불하는 것은 결코 효율적이지 않다. 원격의료 비용을 정부가 지원하거나 건강보험으로 부담하게 되면 결국 국민의 부담으로 돌아오게 된다.[83]

---

82) 김상기, "산자부, 원격의료 시범사업 나쁜 결과 다 은폐···대국민 사기", 라포르시안, 2014. 2. 12.

83) 의료민영화·영리화 저지와 의료공공성 강화를 위한 범국민 운동본부, 『건강과 안전에 대한 규제완화, 박근혜 정부의 의료민영화 Q&A』, 2014. 4.

2014년 2월 창조경제 1호법이라 불린 '정보통신 진흥 및 융합 활성화 등에 관한 특별법'에 의해 만들어진 '정보통신전략위원회'는[84] 정보통신기술(Information & communication Technology, ICT) 정책을 통합 조정하는 역할을 맡게 되는 범정부추진기구이다. 이 기구가 설정한 4대 전략 중 하나인 'ICT 활용으로 국민행복 실현'의 구체적 항목 중 하나로 '맞춤형 건강 복지 구현'이라는 내용이 포함되어 있다. 정보통신전략위원회는 2010년 삼성 보고서에 등장하는 'HT 전략위원회'와 성격이 비슷하다. 해당 법안 심사 공청회 회의록에 당시 참고인으로 나온 이종관 미디어미래연구소 연구원은 원격의료 사업의 경우 의료법에 저촉돼 보건복지부 단독으로는 잘 추진되지 않으니 사업의 진행을 위해서는 범정부 차원의 위원회를 만들고 여기에 상당한 강제력을 부여해야 정책을 밀어붙일 수 있다는 취지의 발언을 했다고 한다.[85]

2014년 2월 박근혜 대통령은 '경제혁신 3개년 계획' 담화문을 발표하면서 원격의료를 재차 천명했다. 대한의사협회는 원격의료가 대형병원으로의 환자 쏠림 현상을 더 부추길 것이라면서 원격의료 철회를 주장하며 3월 10일 하루 파업에 들어갔다. 의사협회는 파업을 철회하면서 보건복지부와 의정 합의를 맺고 의사―환자 간 원격진료 시범사업을 시행하기로 하고 '의정 합의 이행추진단'을 구성했다.

보건복지부는 보건의료정책실 산하에 '원격의료추진단'을 설치하여 원격

---

84) 국무총리를 위원장으로 미래부장관 등 정부위원 12명, 민간위원 13명 등 총 25명으로 5월 8일 정식 출범했다. 민간위원 중에 이호수 삼성전자 고문, 이철희 분당서울대병원 원장 등이 포함되어 있다.

85) 뉴스타파, 박근혜와 삼성의 밀월, '이보다 좋을 순 없다', 2014. 5. 6.

의료 시범사업 등의 업무를 전담하도록 하였으며, 4월 2일 정부는 원격의료 관련 의료법 개정안을 국회에 제출했다. 이 개정안에는 의사-환자 간 원격의료를 허용해 환자 관찰이나 상담, 교육, 진단과 처방 등을 할 수 있도록 하는 내용이 담겨 있다. 9월 16일 보건복지부는 원격의료 시범사업 계획을 발표했는데 참여 의료기관, 장비 등에 대한 자세한 정보는 일체 공개하지 않고 있다. 이번 시범사업에는 9개 시군구의 11개 의료기관(의원 6개소, 보건소 5개소), 특수지 시설 2개소가 참여하며 기간은 9월 말부터 2015년 3월까지 6개월로 세부과제별 진행 상황에 따라 착수와 종료시점이 조정될 수 있다고 한다. 실제 가이드라인 마련 등 준비도 부족하고 의료 현장에 대한 충분한 교육도 없이 시범사업이 졸속으로 진행되고 있다.[86] 원격의료를 관철시키기 위한 요식 행위로 시범사업을 진행하고 있는 것으로 보인다.

민간의료보험회사의 실손의료보험 지원

노무현 정부에서 시작된 실손의료보험은 이명박 정부 때에는 실손의료보험 종합 개선 대책이라 하여 실손의료보험이 의료기관과 직접 계약할 수 있는 방안과 공사의 질병 정보를 공유하기 위해 보험정보원 설립을 추진했으나 무산된 바 있다.

현재 실손의료보험에 전체 국민의 60%가 가입해 있어 거의 포화상태에

---

86) 박진규, 원격의료 시범사업 '지나친 비밀주의'···며느리도 몰라 아무도 몰라?, 라포르시안, 2014.10.2.

이르자[87] 보험회사들은 그간 실손의료보험을 판매하지 않았던 노인에게도 판매할 수 있는 실손의료보험 상품을 새로 개발해 줄 것을 정부에 요구했다. 또한 노후의료비를 대비해 젊을 때 적립해 노후에 사용하는 상품을 선보였다. 이를 박근혜 정부가 허용해 줬는데 각각 노후실손의료보험, 노후의료비보장보험으로 불린다.[88] 박근혜 정부는 민간의료보험 확대를 지원하는 것에는 적극적인 반면 건강보험 보장을 확대하는 데는 매우 인색하다.

박근혜 정부 의료민영화 정책 전망

정부는 2014년 7월 17일 한국과학기술연구원(KIST)에서 박근혜 대통령 주재로 열린 제11차 국가과학기술자문회의에서 2020년 세계 7대 바이오 강국으로 도약하기 위해 바이오의약품산업을 집중 육성하고 관련 규제를 풀겠다고 밝혔다. 분야별로 바이오시밀러, 바이오베터(바이오 개량 신약), 줄기세포 및 유전자 치료제 시장을 지원한다고 한다. 바이오 콘텐츠와 정보통신기술(ICT)을 결합한 융합 의료기기 개발 사업도 지원한다고 한다.[89] 정부가 지원하겠다는 분야는 삼성이 추진하는 분야와 일치한다.

2014년 8월 초 한 언론 매체는 국무총리실 민관합동규제개선추진단이

---

87) 실손보험에 가입하면 본인 부담을 거의 보상받을 수 있으니 건강보험보장까지 합치면 무상의료 수준의 혜택을 받게 되는 셈이다.

88) 김종명. 민간의료보험 역할 키우려는 박근혜 정부. 매일노동뉴스, 2014. 4. 14.

89) 지연진, 세계 7대 바이오 강국⋯정부 로드맵 나왔다. 아시아경제, 2014. 7. 17.

최근 전문가와 업계 관계자를 대상으로 한 규제 애로 수요 조사를 통해 '보건의료산업 규제개선 30개 주요 과제'를 최종 확정했다고 보도했다. 30개 주요 과제는 의료서비스, 제약, 의료기기, 화장품, 건강기능식품 등 5개 산업별로 각각 6개의 과제로 구성되었는데 신시장 창출 및 시장 활성화 과제(11건), 기업 활동 부담 경감 과제(15건), 제도개선 수요가 높은 과제(4건) 등으로 업계의 이해를 반영하는 항목이 전체의 50%를 차지했다. 이들 과제에는 개인 유전자 분석 시장 활성화, 의약품 품목 허가-신의료 기술 평가 동시 진행 제도 도입, 의약품 위탁 제조 판매를 위한 국내 임상시험 실시 요건 삭제, 3D 프린터를 통해 제조된 의료기기 인허가 제도 개선 등 논란이 될 만한 사안들이 다수 들어 있다.[90]

8월 12일 대통령이 주재한 무역투자진흥회의에서는 보건의료 분야를 포함한 '유망서비스 활성화 대책(제6차 투자 활성화 대책)'을 발표하면서 경제자유구역의 외국 영리병원 '외국인 의사 비율' 기준을 현행 10%에서 제주특별자치도 수준(특별한 기준 없음)으로 대폭 완화하고, 의료법인 병원이 외부 자본을 끌어들여 세운 자회사의 사업 허용 범위도 더 넓히는데 6월 시행 규칙 발표 당시 빠진 건강기능식품 관련 사업이 다시 등장한다. 메디텔 설립 기준도 대폭 완화하는데 자법인이 해외 환자 유치 실적이 없어도 설립할 수 있도록 추진하고 메디텔과 의료기관 사이의 시설 분리 규정도 대폭 완화하며 메디텔 내에 의원급 의료기관 임대도 허용한다고 발표했다. 의과대학 산하에 기술지주회사 설립이 가능하도록 하겠다는 내용에 대해서도 논란이 일

---

90) 정혁수 외, 정부, 30개 보건의료 규제 개선한다, 머니투데이, 2014. 8. 4.

고 있다.[91]

신약 등 신의료 기술의 개발을 촉진한다며 줄기세포 치료제 등의 사용 조건도 완화한다. 보통 3단계인 임상시험의 한 단계를 면제할 수 있는 범위를 현재의 '자기 몸에서 빼낸 줄기세포를 다시 주입하는 기술'에서 '다른 사람의 줄기세포를 활용한 줄기세포 치료제'로 확대한다는 것이다.

그리고 외국인 환자를 대상으로 한 의료 광고를 허용하고 국내 보험사가 국외 환자를 유치할 수 있도록 하는 내용을 담은 '국제의료 특별법'을 제정하겠다는 의지를 밝혔다.[92] 보험사가 시장성도 없는 해외 환자를 유치하도록 허용하겠다는 것은 미국식 의료체계의 출발로, 장기적으로는 내국인에 대한 알선행위를 허용하겠다는 의도로 볼 수 있어 의료민영화의 포석이라는 비판이 제기되고 있다.[93]

물론 무역투자진흥회의에서 발표한 내용이 전부 정책으로 바로 연결되는 것은 아니다. 실제 실행 과정에서 우여곡절이 있을 수 있겠지만, 여기서 제기하는 내용들은 박근혜 정부의 정책 의지를 반영하는 것들로 정부는 이를 관철하기 위해 다양한 시도를 펼칠 것으로 예상된다.

---

91) 김용익, '제6차 무역투자진흥회의' 투자 활성화 대책 – 「유망 서비스산업 육성 중심」 보건-의료 분야 문제점 분석 자료, 보도자료, 2014. 8. 12.

92) 김양중 외, 미국식 영리병원 문 활짝···"의료비 폭등 재앙 우려", 한겨레신문, 2014. 8. 13.

93) 김용익, '제6차 무역투자진흥회의' 투자 활성화 대책 – 「유망 서비스산업 육성 중심」 보건-의료 분야 문제점 분석 자료, 보도자료, 2014. 8. 12.

제5장

삼성과 국가
그리고
국민건강

삼성의 영향력

삼성은 정부와 긴밀한 관계를 유지하면서 자신에게 유리한 정책들을 끌어낸다. 국가 정책의 어젠다를 선점하여 정책 방향이 기업의 이해와 일치하도록 조정한다. 미래의 먹거리로 헬스케어 분야를 정하고 이에 대한 투자를 확대하면서 국가의 정책 방향도 이에 동조하는 경향을 보이고 있다. 삼성을 비롯한 대기업들이 나서면 국가도 따라간다. 기업의 미래 먹거리는 곧 국가의 먹거리가 된다. 삼성이 우리 사회에서 차지하는 위상으로 보나 삼성의 정책 능력으로 보나 삼성의 영향력은 절대적이다. 정책 어젠다를 설정하고 이를 실제 정책으로 실현해 내는 삼성의 능력은 다른 기업들의 추종을 불허한다.

삼성은 헬스케어 분야에 그룹의 역량을 집중하여 투자를 진행해 왔다. 이 분야에서 실패한다면 삼성으로서는 뼈아픈 실패가 될 수밖에 없다. 그래서 삼성은 더더욱 헬스케어 분야에서의 성공을 위해 진력을 다할 것으로 예상된다. 이 분야는 국민의 건강, 안전과 직결되기 때문에 정책 집행은 신중해질 수밖에 없고 이런저런 규제가 절대적으로 필요하다. 그러나 삼성을 비롯한 대자본은 이 분야에서 좀 더 자유롭게 투자하고 이를 통해 더 많은 이윤을 얻고 싶어 한다. 그래서 규제완화라는 이름으로 사업의 진행에 방해가 되는 장해물들을 정부가 치워 주기를 바란다.

이와 관련한 정책 어젠다 생산과 정책 수행 과정에서 삼성은 중요한 역할을 수행하는데, 관리의 삼성답게 세련되고 다양한 방식들을 동원한다. 삼성경제연구소는 브레인으로서 중요한 역할을 담당한다. 그리고 친기업적 언론 환경은 삼성의 이익을 전파하는 데 필수적인 조건이다. 삼성 출신이 직접 행정부에 진출하거나 친삼성 인맥을 지원하여 정부 내에서 중요한 역할을 하도록 돕는다. 정부에서 주도하는 정책 관련 각종 위원회나 태스크포스팀에 당사자로 적극 참여하여 자신의 이해를 대변한다. 필요한 사안에 대해서는 정부 부처에 대해 직접 로비를 하기도 한다. 물론 국회, 법원 등도 로비의 대상이다.

국가 정책 어젠다 설정

대표적으로 노무현 정부에서의 '동북아물류중심국가', '국민소득 2만 불', '한미 FTA' 등의 어젠다는 삼성에서 나왔거나 삼성의 강력한 지원 아래 진행이 되었다.

삼성경제연구소의 영향력만큼이나 여기에서 나오는 보고서 내용들은 언론을 통해 유포되어 여론 형성에 기여하며 다양한 방식으로 정책에도 반영된다. 삼성이 진행하는 사업의 이론적 기틀을 마련하는 역할과 더불어 여론, 정책 등에 대한 영향을 통해 실제 삼성의 사업을 측면에서 지원하는 역할을 한다.

'의료민영화'라는 어젠다는 삼성의 입장에서 보면 불리한 용어여서 삼성이 이 용어를 사용하지는 않는다. 우리가 '의료민영화'라고 지칭하는 일련의 정책 프로그램들의 기원을 추적해 보면 삼성과 맞닿아 있는 경우가 많다.

앞에서 삼성경제연구소의 보건의료 관련 보고서들을 검토해 보았는데 2000년대 중반 이후 쏟아져 나온 보고서들의 내용들은 삼성이 추진하고 있는 헬스케어 분야 사업들을 추동하기 위한 것이 많다. 삼성경제연구소의 보고서 내용들이 정책으로 채택되는 경우가 많아졌고, 정부 보고서에 그대로 인용되는 경우도 있다. 급기야 2009년에는 보건복지부가 5억 원 규모의 '미래 복지사회 실현을 위한 보건의료산업 선진화 방안'에 대한 연구 계약을 국책 연구기관들을 제쳐놓고 삼성경제연구소와 수의계약을 체결하여 비판이 일기도 했다. 그만큼 삼성의 영향력이 크다는 것을 알 수 있는 대목이다. 김용철은 삼성경제연구소에서 제안한 정책을 노무현 정부가 채택한 사례는 아주 흔하며, 삼성경제연구소에서 아예 정부 부처별 목표와 과제를 정해 주기도 했다고 증언했다.[1]

정부기관에서 발주하는 연구용역보고서 등을 통해 삼성경제연구소의 제언은 국가 정책에 반영된다. 경제정책실, 글로벌연구실, 금융산업실 등 9개 연구실로 구성된 삼성경제연구소는 정통 연구 인력뿐만 아니라 공무원, 정치인, 학자, 언론인 등 사회에 영향력이 큰 인사들이 들어오거나 나가는 정거장 구실을 하기도 한다.

---

1) 김용철, 「삼성을 생각한다」, 사회평론, 2010, p.147.

삼성경제연구소 출신들은 사회 각계로 진출하기도 하는데 정부 관료로 진출하는 경우도 많다. 2004년 통일부 정책보좌관으로 임명된 김연철 전 삼성경제연구소 북한연구팀 수석연구원, 2005년 국가정보원 국가정보관으로 발탁된 이언오 전 삼성경제연구소 전무 등이 참여정부 시절 관료로 진출한 경우이다.

이명박 정부에서는 더 빈번해지는데 동용승 삼성경제연구소 경제안보팀장은 인수위원회 외교통일안보분과위원회 자문위원으로, 고 김휴종 전 문화산업담당 수석연구원은 청와대 교육과학문화수석실 문화예술비서관으로 참여했다. 민승규 전 정책연구센터 수석연구위원과 남양호 전 경영전략실 수석연구원은 청와대 농수산식품비서관을 지냈다. 백용호 청와대 정책실장은 한때 삼성경제연구소 객원 연구위원을 지낸 바 있다.

박근혜 정부 들어서도 이런 경향은 계속된다. 김희락 국무총리 비서실 정무실장, 신동철 청와대 국민소통비서관, 신세돈 전 박근혜 캠프 경제자문단 좌장, 고정민 한국영화진흥위원회 부위원장 등이 모두 삼성경제연구소 출신들이다.

삼성경제연구소의 연구보고서들은 텍스트, 동영상, 오디오, 인포그래픽 등 다양한 형태의 파일로 작성되어 인터넷 홈페이지에 공개되는데 한 해 평균 1,700회 이상 언론 보도에 인용된다. 삼성경제연구소가 내건 미션 가운데 하나인 '국가와 사회를 선도하는 권위 있는 오피니언 창조자'가 그대로 실현되고 있는 셈이다.[2]

---

2) 변진경, 삼성의 성공 뒤에 세리의 '문화정치'가 있다. 시사IN 300호, 2013. 6. 17.

삼성경제연구소의 웹사이트(seri.org)는 다양한 연구 콘텐츠를 보유하고 있으며 웹사이트에 가입한 온라인 회원이 백만 명이 넘고 유료회원도 상당하다고 한다.

삼성의 언론 영향력

삼성과 언론의 관계는 다방면에서 긴밀하다. 삼성 일가가 직접 소유한 언론사도 있고, 인맥으로 연결되어 있기도 하며, 언론사 인사를 영입하여 대언론 활동에 참여시키기도 한다. 언론사에게는 최대 광고주로서 갑의 위치에 있기도 하다. 삼성의 긍정적인 이미지를 언론을 통해 유포하기도 하며, 부정적인 이미지를 유포할 가능성이 있는 기사에 대해서는 광고 등의 수단을 통해 압력을 넣기도 한다. 삼성의 홍보 활동은 어느 대기업보다 적극적이다.

이병철 전 회장이 정치 입문을 생각하다가 포기하고 언론에 진출하려고 마음먹은 후 중앙일보, 동양방송을 세웠다는 이야기는 잘 알려져 있다. 이건희 회장은 학창 시절 커뮤니케이션을 공부하였고 미국 유학을 마치고 1966년 동양방송에 입사함으로써 처음 삼성에 발을 들여놓았다. 이후 중앙일보, 동양방송 이사를 역임했다.

삼성은 1964년 5월 라디오 서울(동양라디오 전신)을 개국하고 그해 12월에 중앙텔레비전 방송을 개국했으며 다음 해 9월에는 중앙일보를 창간하여 신문, 라디오, 텔레비전을 경영하는 첫 언론기관이 되었다.[3] 1966년 발생한 삼성그룹 산하 한국비료의 사카린 밀수 사건 때 삼성의 언론 기관들은 이 사건을 비호하는 데 동원되었다.[4] 라디오와 방송이 합병된 동양방송은 1980년 신군부 등장 후 강요에 의해 한국방송공사에 헌납하고 중앙일보는 외환위기 후인 1998년 삼성으로부터 계열분리를 하여 처남인 홍석현의 소유로 이전했다.

이건희 회장의 둘째 사위인 김재열은 고 김병관 동아일보 회장의 둘째 아들이다. 주요 언론사 사주와 혼맥으로 연결되어 있는 셈이다.

삼성은 언론들에게 아주 주요한 광고주 중 하나이다. 그래서 언론들은 경영의 입장에서 삼성의 눈치를 볼 수밖에 없는 현실적인 고민을 안고 있다. 그래서 삼성의 문제를 회피하거나 축소한다. 삼성에 비판적이거나 부정적 이미지를 줄 수 있는 기사의 경우 삼성의 직접적 로비 대상이 되기도 한다. 삼성이 직접적으로 요구하지 않더라도 삼성 관련 기사에 대해 자기검열을 할 수밖에 없다.

2006년에는 삼성 구조조정본부장 이학수와 관련된 기사를 시사저널의 발행인이 임의로 삭제하면서 시사저널 사태가 발생했다. 삼성은 2007년 11월 김용철의 비자금 의혹 폭로 이후 비판적 기사를 내보낸 경향신문과 한겨레신문에 대해 광고를 중단했다가 이건희의 단독사면 후인 2010년 무렵 재개하기도 했다. 이후 2010년 발간된 김용철의 〈삼성을 생각한다〉 신문 광고도 어려움을 겪었다. 이 책을 소개하면서 삼성을 비판하는 내용을 담은 김상봉 교수의 칼럼이 경향신문에 실리지 않아 비판이 일기도 했다.

---

3) 김서중, 「삼성의 언론지배 방식과 현실」, 『다시, 삼성을 묻는다: 삼성과 한국사회의 선택, 제6차 토론회 삼성의 사회적 지배와 비용』 토론회자료집, 2014. 2. 21.

4) 이 사건이 일어나자 다른 언론사들은 비판적으로 보도하기 시작한 반면 삼성그룹이 운영하던 동양방송과 중앙일보는 언론들의 비판적인 보도를 역으로 비판하기 시작한다.(김서중, 「삼성의 언론지배 방식과 현실」)

삼성 백혈병 환자 이야기를 담은 〈사람 냄새〉, 〈삼성이 버린 또 하나의 가족〉 등의 책이 언론 광고가 막히기도 했다. 백혈병에 걸려 사망한 고 황유미 씨의 실화를 바탕으로 제작한 영화 〈또 하나의 약속〉과 관련하여 삼성의 방해가 구설에 오르기도 했다. 국내 언론사 대표가 삼성그룹 간부들과 만난 뒤 자신이 몸담은 언론사의 반삼성 기사를 삭제하고 사과 문자 메시지를 보냈다고 알려져 논란이 일었다. 문제의 언론사는 〈또 하나의 약속〉이라는 영화와 관련하여 기업들로부터 투자를 받지 못해 출연 연예인들이 사비를 털어 상영회를 마련하고 있다고 보도했는데 이 언론사 대표가 삼성 간부와 접촉 후 삭제를 지시했다고 한다.[5]

삼성그룹은 2005년 5월 2일 갑자기 MBC 보도국 간판 프로그램인 '뉴스데스크' 앵커를 지냈던 이인용 보도국 부국장을 삼성전자 홍보담당 전무로 영입했다. 당시는 MBC 내에서 삼성 X파일 보도 문제로 내부 검토 중이던 상황이었다.[6] 이 외에도 삼성은 다수의 언론인을 영입했다.

삼성은 언론재단을 설립하여 언론인, 언론학자 등을 지원하는데 삼성 언론상 수상, 국내 연수, 해외 연수, 해외 어학연수, 저술 지원, 연구 모임 지원, 외국 언론인 초빙 연수 등이 있다고 한다.[7]

주요 언론들이 삼성의 어젠다를 받아쓰기도 하지만 그들 스스로 어젠다

---

5) 서어리, "기사 지웠습니다" 삼성에 사과한 언론사 대표, 프레시안, 2014. 2. 19.

6) MBC에서 도청 테이프를 확보한 시점은 2004년 12월 30일이었고 처음 보도한 것은 2005년 7월 21일이었다. 삼성 X파일 폭로 사건이 있기 직전인 2004년 12월 18일 홍석현 중앙일보 사장은 주미대사로 발탁된다. X파일 사건 와중인 2005년 7월에는 국정원 최고정보책임자에 삼성경제연구소 이언오 전무가 임명된다.

7) 김서중, 「삼성의 언론지배 방식과 현실」, 『다시, 삼성을 묻는다: 삼성과 한국사회의 선택, 제6차 토론회, 삼성의 사회적 지배와 비용』, 토론회자료집, 2014. 2. 21.

를 만들어 내기도 한다. 의료민영화와 관련해 대기업의 입장을 대변하면서
자가 발전하는 언론이 많다.

삼성의 인적 네트워크

강준만은 이건희가 삼성사장단과 간부들에게 인맥의 중요성을 강조했다
면서 삼성의 인맥 관리는 마피아 수준이라고 비판했다.[8]

언론, 정치, 사법 내부에서 여러 네트워크로 삼성과 인연을 맺고 삼성에
의하여 관리되는 소위 '삼성장학생들' 또는 공적 의무와 본분을 잊고 언제든
지 삼성 품으로 달려갈 준비를 하는 '삼성 이직 준비자들'이 삼성의 사회적
지배, 논리가 관철되고 전달되는 통로 역할을 하였을 것이다.[9]

삼성 출신이 정부 관료로 직접 진출하는 경우도 많았다. 김대중 정부 시
절 정보통신부 장관에 임명된 남궁석 장관은 삼성SDS 사장 출신이다. 노무
현 정부 시절 진대제 정보통신부 장관이 삼성전자 사장 출신이다. 박근혜 정
부에서는 최양희 삼성미래기술육성재단 이사장이 미래창조과학부 장관으로
임명되었고, 정종섭 안전행정부 장관은 삼성생명의 사외이사를 맡은 바 있
다. 또 정부기관은 아니지만 정부의 입김이 닿는 KT 사장에 황창규 전 삼성
전자 사장이 임명되었다. 그리고 삼성경제연구소 출신들이 다양한 정부 기

---

8) 강준만, 「이건희 시대」, 인물과 사상사, 2005, p.29.

9 박갑주, 「삼성 X파일 사건을 통해 본 삼성의 사회적 지배」, 「다시, 삼성을 묻는다: 삼성과 한국사회의 선택, 제6차
토론회, 삼성의 사회적 지배와 비용」, 토론회자료집, 2014. 2. 21.

관에 참여한 내용은 앞서 기술했다.

김영삼 정부 시절 강경식 부총리나 노무현 정부와 이명박 정부에서 경제 관계 고위직을 역임한 윤증현 장관 등은 친삼성 인사로 분류된다. 이들은 삼성과 직접 이해관계가 있는 사안에서 노골적으로 삼성의 이해를 대변했다. 강경식 부총리는 삼성자동차 처리 과정에서, 윤증현 장관은 금산 분리와 의료민영화 정책과 관련해 삼성에 우호적인 입장을 취한다.

정부에서 주도하는 각종 위원회나 태스크포스에 기업 대표로 참여하여 삼성의 이해를 반영한다. 2003년 손욱 삼성종합기술원장이 국가균형발전추진위원회에 참여한 바 있고, 2005년 설치된 의료산업선진화위원회에는 이종철 삼성서울병원장이 참여했다. 2004년 국무총리실 산하 규제개혁기획단에 건강보험 태스크포스팀이 총 4명으로 구성되었는데 여기에 삼성생명 직원이 참여하여 민간보험회사의 이익을 대표하기도 했다.

삼성의 인력이 정부 기관으로 이동하기도 하지만 반대로 삼성이 관료 출신들을 영입하기도 한다. 관료 집단 특히 경제부처의 관료 집단은 삼성의 집중적인 로비 대상이다. 삼성의 로비는 인적 네트워크를 기본적인 방식으로 하여 가능한 한 모든 수단을 동원하는데, 최종적 수단으로 '삼성인'을 만드는 것을 활용한다. 최대한 친삼성인으로 관계를 유지하다가 최종적으로 삼성인으로 취직하게 하는 것이다.[10]

그 역사도 아주 오래되었다. 이승만 자유당 정부에서 내무부장관을 지냈던 홍진기는 이건희의 장인으로 1960년대 삼성으로 자리를 옮겨 중앙일보,

---

10) 송태수, 「정부–기업관계의 변화와 '삼성공화국'론: 의료민영화를 중심으로」, 『다시, 삼성을 묻는다: 삼성과 한국 사회의 선택, 제6차 토론회, 삼성의 사회적 지배와 비용』, 토론회자료집, 2014. 2. 21., p.45.

동양방송의 대표이사를 지내다 나중에 중앙일보의 회장을 역임한다. 1987년 이병철이 사망하고 이건희가 삼성그룹의 회장으로 취임할 당시 삼성물산의 회장이었던 신현확은 박정희 정부에서 보건사회부장관, 경제기획원장관 겸 부총리를 지내다 1979년 국무총리까지 역임했다.

주우식 전 삼성전자 부사장, 곽상용 전 삼성생명 부사장, 미래전략실의 이건혁 부사장 등은 모두 재정경제부 출신이다.[11] 방영민 삼성생명 전 부사장도 재정경제부, 대통령비서실에서 근무하다 삼성증권으로 영입되었다. 2014년에는 이승재 기획재정부 국장이 삼성생명으로, 김인 금융위원회 과장이 삼성화재로 자리를 옮겼다.

참여정부 시절 장관급인 한미 FTA 통상교섭본부장으로 한미 FTA에 깊이 관여한 김현종 본부장은 이명박 정부 출범 후 2009년 3월 삼성전자 법무팀 사장으로 전격 영입되었다. 또한 한미 FTA 기획단 총괄팀장을 맡아 협상을 이끈 김원경 팀장도 주미 한국대사관 경제참사관을 끝으로 공무원 생활을 접고 2012년 삼성전자로 자리를 옮겼다.[12]

글로벌 사업이 증가하면서 외교관 출신들의 삼성 영입도 늘어나고 있다고 한다. 외교통상부 2차관과 주중대사를 지낸 이규형 대사는 2013년 삼성에 합류했는데, 삼성경제연구소 고문 직함을 달고 중국 사업 조언자 역할을 맡고 있다. 기획재정부 남북경제과장으로 동북아프로젝트를 맡았던 김도현 과장도 삼성전자로 자리를 옮겼다. 권계현 호놀룰루 영사는 청와대 국정상

---

11) 김병수, 삼성은 모피아의 무덤? ‥화려하게 등장했던 관료 출신 뒤안길로, MK뉴스, 2013. 12. 30.

12) 2014년 7월에는 삼성전자의 워싱턴사무소 소장으로 임명되었다. 워싱턴사무소는 판매를 위한 법인이 아니라 미국 주요 언론 주도층 및 정관계와 소통하기 위해 설치했는데 이를 위해 외교관 출신의 김원경 팀장을 임명한 것으로 보인다.

황실 행정관 등을 거쳐 2005년 삼성에 참여했고, 2014년에는 하찬호 전 주베트남 대사, 김순태 전 니카라과 대사가 각각 삼성의 베트남 복합단지, 중남미 총괄 대외협력 고문으로 영입되었다.[13]

한겨레신문이 2001~2013년 정부 공직자윤리위원회에서 취업 승인을 받은 퇴직 공직자 1,866명을 분석한 결과 이들을 가장 많이 영입한 그룹은 삼성(182명, 10%)이었다고 한다.[14] 박남춘 의원이 국정감사 자료를 분석한 결과에서도 비슷한 양상을 보인다. 2011~2014년 7월까지 기간 중 퇴직 2년 이내에 공직자윤리위원회에 신고하여 재취업한 961명 중 12%인 113명이 삼성그룹 계열사에 취직한 것으로 나타났다.[15] 또한 임수경 의원이 안전행정부에서 제출받은 자료를 분석하여 발표한 최근 5년간 공무원 재취업 현황 자료를 보면 전체 퇴직공무원 1,200여 명 가운데 민간기업으로 재취업한 퇴직공직자가 717명으로 전체의 60%에 이르고 있는데 이 중에서 삼성에 취직한 경우는 135명으로 가장 많았다. 두 번째인 현대 78명에 비해서도 큰 차이를 보인다.[16]

2013년 말 삼성생명, 삼성화재 등 삼성그룹 내 8개 금융계열사 등기임원 총 49명 가운데 27%인 13명이 관료 출신으로 한화그룹과 더불어 대기업 중 가장 높은 비율을 차지했는데, 주로 감사원, 금융감독원, 관세청, 검찰, 청와대, 지식경제부, 신용보증기금, 공정위 출신들이다. 이들 관료 출신 임원

13) 정승환, 삼성, 외교관 영입 G2 뚫는다, MK뉴스, 2014. 7. 15.
14) 김병철, 삼성이 떠들면 법이 된다..."수천 명 임원 모두 로비스트", 미디어오늘, 2014. 2. 20.
15) 박준철, 고위 퇴직공직자 12%, 삼성그룹에 재취업, 경향신문, 2014. 8. 22.
16) 김창영, 퇴지공직자 10명 중 1명은 삼성에 재취업했다, 경향신문, 2014.10.6.

들은 그만큼 정당한 금융감독 업무에 반하는 로비, 청탁 등에 관여할 가능성이 높다.[17)]

　삼성의 인적 네트워크는 법조계에도 널리 퍼져 있다. 검찰 내 삼성 인맥은 삼성 X파일에서 폭로된 바 있다. 일상적으로 검찰을 관리하고 있다는 사실이 드러난 것이다. 최근 한 국회의원이 내놓은 자료에 따르면 2012년부터 2년간 사표를 내고 기업체에 취직한 검사 10명 중 5명이 삼성 계열사에 채용되었다고 한다.[18)] 2000년 9월 취임한 윤영철 헌법재판소장은 삼성으로부터 상임법률고문 자격으로 수억에 이르는 급여를 받은 것이 청문회 과정에서 드러났으며 2005년 9월 임명된 이용훈대법원장은 변호사로 일하던 시절 삼성에버랜드 사건을 맡아 삼성을 변호했는데 후에 대법원장이 되었을 때 삼성에버랜드 사건이 대법원으로 올라왔다는 일화는 유명하다.[19)]

삼성의 로비 활동

　삼성은 중요한 사안에서는 정부부처나 의회를 대상으로 직접적으로 로비를 한다. 미디어오늘이 기사에서 밝힌 내용을 보면 기업 영향력과 비례하듯 대관업무를 가장 강하게 하는 곳은 삼성으로 알려져 있다. 국회 상시 출입인력만 삼성그룹, 계열사를 포함해 30여 명이나 된다고 한다. 미래전략실이

---

17) 김소연. 삼성, 한화그룹, 낙하산 가장 많아…로비, 청탁용으로 활용. 소비라이프, 2014. 6. 10.

18) 김원철. 검사는 삼성을 좋아해? 삼성이 검사를 좋아해?. 한겨레신문, 2014. 8. 28.

19) 김용철. 『삼성을 생각한다』. 사회평론, 2010. p.257.

대관업무를 총괄한다는데 로비를 위해 공식, 비공식 라인을 모두 작동한다고 한다. 의회 로비를 위해 학연, 지연을 총동원하는데 삼성은 통상 임원 3명이 의원 1명을 맡는다고 한다. 삼성은 수천 명의 임원을 통해서도 로비를 하는 셈이다.[20] 임원뿐만 아니라 일반 직원들의 인적 네트워크도 데이터베이스화되어 있어 필요에 따라 청탁이나 로비에 동원한다고 한다.[21]

오래된 얘기인데 1970년대 전자업계의 관심사는 컬러 TV 방영이었다. 컬러 TV가 방영되면 이에 대한 수요가 폭발적으로 증가하므로 전자 산업으로서는 사활을 걸 만한 사안이었다. 당시 삼성전자 강신구 사장은 컬러 TV 방영을 위해 박정희 정부 때부터 청와대에 수시로 들락거리면서 끈질기게 요청했다고 한다.[22]

최근의 사례로 대표적인 것은 갤럭시5S 건이다. 갤럭시5S에는 심박 측정 기능이 있어 의료기기로 분류되면 판매 절차가 엄격해져 일반 대리점에서는 판매할 수 없게 된다. 그런데 공식 출시를 3일 앞두고 운동용, 레저용으로 사용되는 심박 측정기는 의료기기 관리 대상에서 제외하도록 규정이 바뀌었다. 이 과정에서 담당부서인 식품의약품안전처에 대해 삼성이 직접적으로 접촉하였다는 로비 의혹을 김용익 의원이 밝힌 바 있다.

갤럭시S5에 이어 출시 예정인 '갤럭시노트4'에는 산소포화도(SpO2) 센서를 탑재할 예정인데 이것도 현행 기준에 따르면 의료기기로 분류되어 있다. 삼성에서 이에 대해 식품의약품안전처에 대해 문의가 있었다는 보도가

---

20) 김병철, 삼성이 떠들면 법이 된다..."수천 명 임원 모두 로비스트", 미디어오늘, 2014. 2. 20.

21) 홍준철, 대한민국 대표 삼성 vs 국정원 "대정치권 로비 베일을 벗기다", 일요서울, 2012. 6. 27.

22) 손욱, 『삼성 집요한 혁신의 역사』, 대성, 2013, pp.82~83.

2014년 9월에 있었다.[23] 그러더니 좀 있다가 미래창조과학부 정보통신융합 정책관은 10월 2일 "업계와의 간담회 자리에서 (스마트폰에 탑재될 의료 센서에 대한 규제가 심해 풀어달라는) 요구가 있었고 이를 해소하기 위해 미래창조과학부 주도로 TF를 구성할 계획"이라고 밝히기도 했다. TF에는 해당 부서뿐만 아니라 업계 관계자도 포함될 예정이라고 한다.[24] 삼성을 위해 정부가 직접 나선 셈이다.

2014년 2월 11일 스마트폰에 대한 '보조금 대란'이 있고 나서 방송통신위원회 이경재 위원장은 한 라디오 방송에서 삼성을 겨냥하여 '이동통신 단말장치 유통 구조 개선에 관한 법률(단통법)' 처리 과정에서 제조업체의 로비 때문에 잘 진행되지 않는다는 얘기를 했다고 한다.[25]

보험설계사 등 6개 특수고용 노동자를 산업재해보상보험법에 의무적으로 가입시키는 내용의 법률개정안이 새누리당 소속 국회 법제사법위원들의 반대 때문에 제동이 걸린 적이 있다. 이 과정에 삼성생명 등 민간보험업계의 로비 의혹이 제기되었다. 이에 대해 소속 상임위인 환경노동위원회는 법사위의 월권 금지를 촉구하는 내용의 결의안을 채택하기까지 한다. 당시 야당에서는 로비 의혹의 주인공으로 삼성생명을 지목하기도 했다.[26]

재벌 보험회사가 계열사 주식을 과도하게 보유할 수 없도록 하는 내용의 법률 개정안(일명 삼성생명법)이 국회 발의 단계에서 갑자기 보류된 적이 있

---

23) 이학렬, 삼성, 산소포화 측정 '갤노트4' 의료기기 제외 요구, 머니투데이, 2014. 9. 12.

24) 목정민 외, 스마트폰 탑재 의료센서 규제 푸나...미래부 TF 구성, 식약처 "신중", 경향신문, 2014. 10. 3.

25) 박은희, 이경재 '삼성 단통법 로비 마라' 돌직구, 비지니스포스트, 2014. 2. 19.

26) 조근호, 산재보험법 표류 알고 보니···삼성생명 로비 의혹, 노컷뉴스, 2014. 4. 27.

다. 사실상 이 법은 삼성생명을 겨냥한 것으로 법안 발의 소식을 들은 삼성 측이 여의도에 직원을 투입해서 법안에 서명한 의원실을 찾아다니며 로비를 벌인 정황이 드러나기도 했다.[27]

최근 삼성의 로비 사례를 몇 가지 제시했지만 삼성의 로비 활동은 상당히 체계적이고 일상적인 것으로 보인다. 삼성의 이익과 관련된 사안에 대해서는 집요하게 관여한다.

삼성의 불법 로비의 실상은 삼성 X파일과 김용철의 폭로로 실체의 일부가 공개되기도 했다. 김용철의 책 〈삼성을 생각한다〉에는 삼성 비자금의 형성 과정과 불법 로비 과정 등이 상세하게 나온다.

'뇌물을 주는 것은 비도덕적이지만 조직에 이롭고, 뇌물을 받는 것은 비도덕적이며 조직에도 해롭다.'는 논리가 삼성의 방침이라고 꼬집기도 한다.[28]

---

27) 조근호, '삼성생명법'에 놀란 삼성, 입법 시 지배구조 빨간 불, 노컷뉴스, 2014. 4. 7.

28) 성현석, 삼성 임원이 룸살롱을 못 끊은 이유는?, 프레시안, 2011. 10. 28.

헬스케어에 대한 삼성의 접근 방식

헬스케어에 대해 막대한 투자를 하면서 삼성은 과연 어떤 생각을 할까? 공개적으로 하는 말은 "고령화 시대를 맞아 헬스케어에 IT 기술을 접목하면 질병 관리에 도움이 되고 의료비를 낮출 수 있다."는 것이다. 한편으로는 5년 후, 10년 후 미래 먹거리라고 주저 없이 말한다. 기업에서 먹거리는 이윤을 말한다. 의료에 대한 지출 즉 총 의료비가 늘어날수록 이윤을 극대화하는 데 유리하므로 의료비를 낮춘다는 말은 립서비스일 가능성이 높다. 만약 그 말이 사실이라면 총 의료비라는 파이를 줄이면서 삼성의 이윤을 높여야하므로 불가피하게 독점적 수단을 통할 수밖에 없다. 다른 기업이 가져갈 부분을 뺏어 가는 것이다.

미래 먹거리로서의 헬스케어

우리 사회에 '삼성이 온 국민을 먹여 살린다.'는 미신이 퍼져 있다. 삼성이 5년 후, 10년 후의 먹거리를 찾아 고민하고 노력하기 때문에 정부나 국민은 적극적으로 협조해야 하며 만약 삼성이 실패하면 우리 모두 손해를 볼것이라는 관념에 사로잡혀 있다. 이것은 삼성이 좀 맘에 안 들거나 반칙을 해도 대승적인 차원에서 용인해야 한다는 논리로 연결된다. 삼성 X파일이나 김용철 변호사의 삼성 고발에서 보였던 반응들도 상당수 이에 근거를 두고 있다.

나라의 미래 먹거리를 구해야 하는 정부도 삼성의 먹거리와 국민의 먹거리를 동일시한다. 그래서 삼성의 먹거리를 위해서 정책 지원을 아끼지 않는데, 직접적으로 지원하기도 하고 규제완화 방식을 통해 사업의 장애물을 치워 주기도 한다.

그럼 삼성은 5년 후, 10년 후 먹거리를 어디서 찾고 있는가? 삼성은 2010년 태양전지, 전기차용 배터리, 발광다이오드, 바이오제약, 의료기기 등 5가지 신수종 사업을 미래 먹거리로 발표하면서 10년 동안의 투자 계획과 목표를 제시한 바 있다. 최근 에너지 분야의 전망이 불투명해지면서 바이오제약, 의료기기 등 의료 분야를 좀 더 강조하고 있다.

삼성의 경우 의료 분야는 의약품이나 의료기기에만 제한된 것이 아니다. 의료보다 더 넓게 '헬스케어'라고 지칭하는 전 분야에 걸친 수익성 향상을 목표로 하고 있다. 앞에서 살펴보았듯이 삼성은 수많은 계열사가 이미 헬스케어의 다양한 분야에 진출해 있고 상호 시너지 효과를 노리면서 다른 회사들을 압도하고 있다.

헬스케어 분야에서 먹거리를 찾는다는 것은 결국 환자나 보호자의 주머니를 노린다는 얘기와 같다. 좋은 약을 만들어서 불치병 환자를 고친다면 인류의 건강에 기여한다는 명분이 있다. 하지만 그 이면을 보면, 천문학적인 자금이 들어가는 신약 개발 후 탄생하는 기적의 약은 일정한 기간 동안은 고가 정책을 유지하면서 경제력이 없는 환자를 배제해 온 것이 지금까지의 현실이다. 먹거리 차원에서 접근하는 사업이라면 더더욱 그럴 가능성이 높다.

의료기기의 경우도 마찬가지이다. 기존의 의료기기보다 더 유용하고 더 저렴한 의료기기를 개발하여 의료시장에 공급한다면 정말 환영할 만한 일

이겠지만, 대개 그런 경우 의료기기의 값도 더 높게 책정되는 것이 일반적이다.

환자나 보호자들은 의약품, 의료기기의 사용을 위해 더 많은 비용을 지불할 것을 강요당하게 되며 경제력이 없으면 의약품과 의료기기의 이용에서 배제될 가능성이 높아진다. 현실은 이런데도 기업에서는 새로운 먹거리를 찾았다고 포장하며 국민 경제에 큰 기여를 하고 있다고 홍보한다. 수치 상으로는 생산이 증가한 것으로 나타나겠지만 결국은 국민의 주머니를 더 털었다는 얘기와 같은 것이다. 그것도 국민건강을 담보로.

삼성생명이 언급했던 방향처럼 미국식 자유방임적 보험제도가 우리나라에 도입되어 민간보험회사들이 주도하는 보험시장이 열리면 삼성은 노다지를 캐겠지만 국민의 입장에서는 영화 '식코'에서 목격했던 디스토피아가 열리게 될지도 모른다.

삼성의 먹거리와 국민의 먹거리가 충돌하는 지점이 분명히 존재하지만 많은 사람이 '삼성이 온 국민을 먹여 살린다.'는 환상에 젖어 현실을 제대로 보지 못할 수 있다. 삼성의 먹거리와 국민의 먹거리가 일치하지 않을 수도 있으며 오히려 삼성이 국민을 먹여 살리는 게 아니라 자칫 국민의 주머니를 털 수도 있다는 사실을 기억해 둘 필요가 있을 것 같다.

기술적 접근

삼성의 헬스케어에 대한 접근은 기본적으로 기술적 접근이다. 생명과 의료에 대한 진지한 성찰에 근거한 것이 아니라 과학기술에 기초한 산업적 판단에 의존하고 있다. 기술적으로 이렇게 하면 새로운 방식이 가능하겠다는 것이다. 이는 기술적 성취에서는 평가해 줄 부분이 있을지 모르지만, 의료적 평가는 다를 수도 있다. 대표적인 것이 원격의료이다.

원격의료 단말기를 각 가정에 설치한다든가 아니면 모바일 기기 또는 웨어러블 기기의 신체 신호 감지 기능을 극대화해서 의료에 적용하겠다는 것이 원격의료의 기본 구도이다. 유헬스, 모바일헬스, 디지털헬스 등 다양한 이름이 등장하지만 기본 구조는 동일하다. 의사 또는 이에 준하는 사람과 환자 사이의 공간적 분리를 디지털 기계로 연결하여 의료 행위가 이루어지도록 하겠다는 야심찬 계획이 원격의료의 기본 발상이다. 기술 발전에 따른 자연스러운 현상일지도 모르겠다.

의료는 의사와 환자의 '대면관계'에 기초해서 이루어지는 것이 상식이다. 의사는 환자가 진료실에 들어설 때부터 환자의 동작, 얼굴 표정, 혈색을 살핀다. 그리고 환자의 병력과 병세를 자세히 들은 다음 청진, 촉진, 타진 등 다양한 진찰 과정을 거친 뒤에 엑스레이나 혈액검사 등 필요한 검사를 시행해서 진단을 한다. 진단이 확정되고 치료 단계에 들어간 만성병 환자라고 하더라도 약물에 대한 반응, 부작용 등도 모니터해야 하고, 이후에 신체 변화가 생기기도 하고 합병증이 발생할 수도 있으므로 '대면의료'의 중요성이 감소하는 것은 아니다.

삼성 입장에서 의학적, 기술적, 경제적 타당성도 불분명한 원격의료 실행을 위해 그렇게 애쓰는 가장 중요한 이유 중 하나는 원격의료에 필요한 의료기기·장비의 판매에 삼성의 이해가 걸려 있기 때문이다. 사실 그게 아니라면 삼성이 나설 이유도 별로 없다. 고령화 문제와 더불어 고혈압, 당뇨, 대사증후군 같은 만성질환의 관리를 지역공동체의 활성화를 통해 해결하는 것이 좀 더 바람직하다는 점에 대해 삼성은 별 관심이 없을 것이다. 여기는 첨단 IT 장비가 필요하지도 않고 이윤이 나올 여지도 별로 없기 때문이다.

기업의 관점에서 접근한다

누가 뭐래도 삼성은 기업이다. 가끔 삼성의 애국심을 얘기하고 이병철, 이건희의 애국심을 얘기하지만 그 이전에 기업인이다. 삼성과 국가를 동일시하는 국가주의적 입장에서 삼성을 바라보는 국민이 많은 게 현실이지만 삼성은 정부기관도 아니고 구호단체도 아니고 비영리단체도 아니다. 삼성은 영리를 추구하는 주식회사이다. 수십 개의 주식회사가 지분 출자 방식에 의해 복잡하게 연결되어 있고 재벌 총수가 지배하는 기업 집단일 뿐이다.

삼성은 영리를 추구하는 것 자체를 자기 속성으로 가지고 있는 조직이다. 삼성의 헬스케어사업 진출도 자본의 자기실현 즉 이윤을 남기기 위한 활동의 일환이다. 인류 건강에 기여한다거나 고령화 사회에 대비한다는 슬로건은 단지 홍보용일 뿐이다.

삼성도 이런 사실을 숨기지 않는다. 헬스케어사업을 삼성의 차세대 먹거리라고 공공연히 얘기한다. 그것도 아주 자랑스럽게 얘기한다. 뒤집어 얘기하면 헬스케어는 삼성의 먹잇감이라는 얘기이다. 국민의 헬스, 국민의 건강이 삼성의 먹잇감이고 삼성의 볼모인 셈이다.

삼성그룹에 속하는 수많은 개별 기업이 자기 특기와 관련하여 헬스케어 분야에 진출하고 있다. 전자사업을 축으로 발전해 온 삼성이 그 핵심 축이 이동한다는 느낌을 줄 정도로 변화의 정도는 강하게 느껴진다.

생명과 건강에 대한 성찰이 없다

삼성은 헬스케어 산업 곧 생명산업을 미래의 주력 산업으로 판단하고 매진해 왔다. 그러나 삼성을 보건, 의료, 건강을 다루는 생명기업으로 평가하기에는 한참 부족해 보인다. 무엇보다 이 사업의 본질에 대한 충분한 성찰의 모습이 보이지 않는다.

고령화 사회를 맞아 의료비가 폭등하는데 삼성의 특기인 IT를 활용하여 저렴하면서 유용한 멋진 기기와 장비들을 만들어 내면 그것이 곧 인류 건강에 크게 기여하는 것이라고 생각한다. 그리고 자신들은 인류 건강 향상에 대한 기여로 큰 이익을 챙길 수 있다. 방점은 뒷부분에 놓인다.

생명산업과 관련하여 사업 이전에 생명, 건강, 의료, 보건, 복지에 대한 성찰이 필요하다. 이 부분에서 삼성은 사람들의 비난으로부터 자유로울 수가 없다. 삼성전자에서 일하다가 백혈병 등 직업 관련 질환으로 고통받는 자기 직원들에 대한 철저한 외면은 이들이 생명산업에 참여할 자격이 있는지를 새삼 되돌아보게 한다.

삼성은 생명에 대해 성찰하라는 사회적 요구에 대해 자신들은 생명을 지배하려 한다고 답할지도 모르겠다. 삼성이 시장을 넘어 국가를 넘어 이제 생명까지 지배하려 하고 있다고 주장한다면 틀린 말일까?

삼성에 대한 과도한 심리적 의존도

우리 국민은 고난의 근현대사를 겪으면서 강한 나라를 갈망해 왔고 그 과정에서 국가와 자신을 동일시해 왔다. 그리고 세계 속에서 선전하는 모든 한국적인 요소에 대해 박수를 보냈다. 일등 스포츠, 한류 등에서도 그랬고 일등 기업 삼성에 대해서도 동일한 감정을 느끼는 사람이 많다. 국가에 대해 자부심을 느끼는 것처럼 자신과 전혀 관계가 없음에도 삼성의 존재에 대해서도 자부심을 느낀다.

그래서 삼성의 잘못에 대해 관대해지고 삼성이 하고자 하는 일에 대해 의문을 던지지 않는다. 일등주의 삼성이 하는 일에는 오류가 없고 삼성이 하면 뭔가 다를 것이고 삼성이 하면 안심이 된다고 생각한다. 삼성에 대한 지나친 심리적 의존은 삼성의 사업에 대한 맹목적인 지지로 나타나기도 한다. 국민들은 삼성의 헬스케어 분야 사업에 대해서도 맹목적인 지지를 보낼 가능성이 있다. 헬스케어 사업은 바로 우리 자신의 건강, 안전과 직결된 분야로 국민들도 보다 냉정하게 평가할 필요가 있다.

국민건강과 삼성 사업의 충돌

의료민영화의 문제

보건의료 분야에 대한 삼성의 접근은 기본적으로 사업적 판단에 근거하고 있다. '국민건강'과 '삼성의 헬스케어사업'의 지향이 일치하지 않을 수도 있다는 데 문제가 있다. 국민건강이라는 큰 틀에서 삼성의 헬스케어사업이 통제되고 관리되어야 하는 당위가 여기에 있다. 삼성은 자신들의 사업이 국민건강에 미치는 영향에 대해 끊임없이 성찰하고 평가할 의무가 있으나 기업의 속성상 이를 기대하기는 쉽지 않다. 외적 강제 없이 자발적 결정만 바라보고 있기는 어렵다.

보건의료 분야에서 기업의 이윤을 극대화할 수 있는 방법은 보건의료의 영역에서 '기업하기 좋은 환경'으로 바꾸는 것이다. 공적 부문에서 관리하는 보건의료를 기업이 관리할 수 있도록 바꾸는 것이 그것이다. 기업은 효율적인 관리 시스템과 IT 기술 등을 내세워 자신들이 운영하는 보건의료의 미래 청사진을 제시하면서도 기업 이윤에 대한 갈망은 쉽게 드러내지 않는다.

국가는 기업의 욕망을 관리하고 통제해야 할 의무가 있으나 지금의 국가는 기업의 성장이 곧 국가의 성장이라는 등식을 굳게 믿고 있는 기업국가의 전형적인 모습을 보이고 있다. 기업과 국가가 연대하여 보건의료의 공공성을 파괴하고 끊임없이 '기업하기 좋은 나라'로 변모시키기 위해 시도하고 있는 것이 의료민영화의 본질이다. 기업과 국가의 연대는 공고하고 국민은 저만치 떨어져 있는 것이 현재의 형국이다.

병원의 영리화

　병원의 영리화는 병원의 기업화이기도 하다. 전통적으로 병원은 환자를 케어하는 공간 즉 환자를 돌보는 공간이다. 아픈 사람들이 병원에 와서 상담을 하고 치료를 받고 돌봄을 받는 곳이다. 이 과정에서 사례가 오가지만 원래 사례가 목적은 아니었다. 병원의 상업적 속성이 강해지면서 지금은 더 많은 사례를 받아서 이익을 챙기는 것이 공공연한 목적이 되었지만 근대적 의미의 주식회사 기업과는 거리가 멀었다. 그러나 지금의 영리병원화는 병원을 주식회사 같은 기업으로 변모시키고자 하는 시도이다. 기업은 기업에 투자한 투자자에게 이익을 배당해야 한다. 그러기 위해서 기업으로서의 병원은 효과적으로 수익을 증대시킬 수 있는 방법을 고안해 내야만 한다. 병원기업은 돌봄을 위해서 존재하는 것이 아니라 수익 배당을 위해서 존재하기 때문이다.

　재벌이 운영하는 대형병원들이 수익의 사회 환원과 국민건강을 위한 공익적 목적에서 설립되었으리라고 믿어 의심치 않지만, 사업적 연관성을 무시할 수 없는 것 또한 사실이다. 재벌 병원은 헬스케어사업을 수행하는 계열사들의 사업 아이템을 발굴해서 사업화를 지원하고 결과물에 대한 테스트베드 역할을 담당하고 있다. 재벌 헬스케어사업의 전진기지 역할을 충실히 수행하고 있는 것이다.

　병원영리화가 가속화되면 병원은 환자들에게 전통적인 의미의 돌봄의 장소가 아니라 돌봄을 판매하는 기업으로 다가올 것이다. 병원을 방문해서 돌봄 서비스를 구입해서 사용하는데 그것도 아주 비싼 가격에 구입해야 하는 상황이 벌어진다. 돌봄 서비스를 구입할 돈이 없으면 병원의 출입이 금지될지도 모른다.

공보험과 민간보험

공보험은 국가가 운영하고 민간보험들은 민간 대기업들이 운영한다. 현재는 공보험이 주가 되고 민간보험은 보조적인 역할에 한정되어 있다. 공보험은 많은 제약에도 불구하고 그동안 국민의 건강을 위한 막대한 역할을 수행해 왔다. 병원의 문턱이 낮아지고 국민들의 건강 수준이 획기적으로 향상된 데는 공보험의 역할이 지대했다. 공보험은 국민건강의 향상이라는 공적 기능 수행이 일차적 목적이다. 수익이 날 수도 있지만 수익이 나면 보험보장성 강화에 재투입하므로 결국 이익이 국민에게 돌아간다. 민간보험도 국민건강에 기여하겠지만 기업의 속성상 이윤이 남아야 사업을 유지할 수 있다. 수익이 나면 날수록 좋은 것이다. 그러나 민간보험은 남는 수익을 국민을 위해 보장성 강화에 재투입할 리 만무하고, 만약 수익이 나지 않으면 사업을 철수할 것이다.

민간보험은 공보험이 커버하지 못하는 영역에서 활동한다. 만약 공보험의 기능이 약해 공보험이 담당하지 못하는 공간이 늘어나면 민간보험의 활동 반경이 늘어나고 그만큼 수익이 증가하여 호재로 작용할 것이다. 반대로 공보험의 역할이 증가하면 민간보험의 역할은 축소될 수밖에 없다. 그래서 민간보험은 공보험의 역할이 감소하기를 원한다. 아예 공보험이 사라진다면 민간보험으로서는 더 이상 바랄 게 없을지도 모르겠다.

공보험이 사라진 사회의 모습은 어떨까? 배우 안재욱이 미국에서 겪은 일화는 그 단면을 보여 준다. 마이클 무어 감독의 영화 '식코'는 공보험이 없는 디스토피아의 세계를 잘 보여 준다. 그러나 민간보험회사들에게는 더 이상 좋을 수 없는 유토피아의 세계가 될 것이다. 민간보험사의 선두에 서 있는 삼성생명이 사업하기 좋은 나라는 아마도 후자 쪽일 것이다.

원격의료의 미래

IT 기술이 발전하면서 우리의 생활방식 자체가 급변하고 있다. 보건의료 분야에서도 IT 기술이 도입되는 것은 자연스러운 일이다. 병원의 시스템에도 IT 기술이 상당히 도입되어 현재 병원 진료 환경 자체가 10여 년 전에 비하면 완전히 바뀌었다. 두꺼운 종이 차트, 엑스레이 필름은 사라진 지 오래다. 모두 진료실 컴퓨터로 확인할 수 있다.

의료 분야에서의 IT 기술은 계속 진화해 나가고 있다. 그 연장선상에서 원격의료라는 것이 등장했다. 발달한 IT 기술을 바탕으로 의료진과 환자를 매개하여 진료가 이루어지도록 한다는 개념이다. 공간적으로 떨어져 있는 거리를 IT 장비로 연결하는 것이다.

원래 진료라는 것은 의사가 환자를 직접 마주해서 환자의 얘기를 듣고 관찰하고 진찰하는 것이 정상적이다. 의사가 환자를 찾아가든지 환자가 의사를 찾든지 서로 직접 얼굴을 마주한 상태에서 이루어지는 '대면진료'가 기본이다. 환자 입장에서는 정서적 공감을 통해 안정감을 얻을 수 있고 의사 입장에서는 환자의 상태를 정확하게 파악해서 올바른 처방을 낼 수 있다. 이것이 대면진료가 의료 행위의 핵심인 이유이다.

정부가 원격의료를 추진하면서 홍보하는 동영상에서는 '원격의료가 편리하고 안전하며 손쉽고 치료 효과가 향상된다.'고 선전한다. 그러나 원격의료가 약간 편리하다는 점 말고는 안전성이나 원격의료의 질이 우수하다는 건 전혀 검증된 바 없다는 점이 많은 국제 연구들에서 밝혀졌다. 원격의료를 포함한 유헬스의 도입에 따라 국민의료비와 건강보험 진료비가 절감된다는 정부의 주장도 근거가 약하다. 많은 연구에서 원격의료의 비용 효과성은 검증되지 않았으며 국민의료비 절감보다는 오히려 원격의료 수행을 위한 비용 증가로 건강보험 재정에 부담이 가고 국민들의 호주머니 부담도 더 늘어날 것으로 보인다. 정부가 뚜렷한 근거 없이 국민의료비 절감 효과를 주장하는 것은 원격의료를 정당화하기 위한 왜곡에 불과하다.[29]

그럼에도 정부와 기업들이 원격의료의 중요성을 그토록 선전하는 것은 원격의료 자체가 IT 의료기기에 기반한 것으로 의료기기 활용 가능성이 크기 때문이다. 이건 전자장비 업체, 통신 업체의 이해와 맞물리는 것으로 의료 자체의 질적 향상과는 무관하다. 국민건강의 입장에서는 30분 대기, 5분 진료의 속성 진료에서 진료 시간을 늘릴 수 있는 방안을 강구하는 것이 더 바람직할 것이다.

원격진료는 여러 시간을 할애해 찾아가도 의사를 보기 어려운 지역, 극

---

29) 김종명, 「원격의료 및 4차 투자 활성화 대책의 문제점과 보건의료에 미치는 영향」, 대한전공의협의회 토론회 발표자료, 2014.

지, 오지 등 한정적인 상황에서 위력을 발휘할 수 있을 것이다. 원격의료를 주장하면서 산간 지역이나 도서 지역과 같은 취약 지역의 의료 개선을 명분으로 걸기도 하지만 궁색한 변명에 불과하다. 산간 지역, 도서 지역, 농촌 지역처럼 의료 취약 지역에 대한 대책은 정말로 종합적인 대책을 강구해야 할 사안이지 원격의료 하나 던져 준다고 해결될 문제가 아니다.

그리고 현재 정부가 추진하려는 기본 방향은 취약 지역에 대한 지원이 아니라 고혈압, 당뇨, 비만, 대사증후군과 같은 만성질환을 원격의료로 관리하겠다는 것으로 그만큼 대상 인원을 충분히 확보해야 수지타산이 맞는다는 의미이기도 하다.

제6장

기업국가의
해체와
공공성의 회복

국민의 이익과 삼성의 이익을 동일시하는 국민이 많다. 삼성의 성공에 자부심을 느끼고 나의 성공처럼 생각하기도 한다. 그러나 삼성이 곧 국가가 아닌 것처럼 삼성의 이익과 국민의 이익이 항상 일치하지는 않는다. 오히려 서로 충돌할 때가 더 많을 것이다. 이런 불일치가 발생할 경우 국가는 어떤 입장을 취할 것인가?

김상봉은 '기업을 위해 국가가 존재하고 기업에 의해 국가가 작동될 때 국가는 전면적으로 기업에 동화된 기업국가가 된다. 다시 말해 국가 자체가 기업화되는 것이다. 우리 사회에서 유행하는 민영화라는 것은 기업화의 다른 이름이며 우리사회는 군부 독재국가에서 기업 독재국가로 이행했으며 그 정점에 삼성이 있다.'[1]고 지적한다.

기업국가에서 국가는 국민보다 삼성의 이익을 우선할 것이다. 국가는 삼성의 이익과 국가의 이익을 동일시한다. 그리고 삼성의 이익이 곧 국민의 이익이라고 주장한다.

이택광은 '참여정부는 국가권력이라는 공공장치를 통해 삼성을 견제했다기보다 서로 공모관계에서 신자유주의적 질서를 도입하는 역할을 자임하고

---

1) 김상봉, 「제2의 노무현을 꿈꾸는가? 그럼, 삼성과 싸워라!」, 『굿바이삼성』, 꾸리에, 2010, p.37.

나섰다.'고 본다.[2]

이건희는 신경영을 선언한 이후 정부, 국민, 기업이 한 방향으로 움직여야만 선진국에 진입할 수 있다는 지론을 펼쳐 왔다. 삼위일체론이 그것이다.[3] 그러나 현실은 기업과 정부는 한 몸이 되어 잘나가고 있지만 국민은 배제된 형국이다. 대기업과 정부와의 소통은 원활하나 국민과는 불통이다. 삼성의 사회와의 소통 방식은 일방적이거나 일면적일 때가 많다.

삼성은 모든 걸 자급자족할 듯한 태세이다. 그룹 내 병원, 호텔, 보험회사, 경비회사, 소방서(삼성 3119 구조단)까지 두고 있다. 불완전하나마 하나의 국가를 이루고 있다. 다른 재벌에서는 보기 어려운 현상이다.

강준만은 이건희가 '은둔의 경영자'라고 불리는 것처럼 다분히 코쿤(cocoon)[4]의 특성을 보여 왔다고 분석한다. 이러한 코쿤 기질은 이건희에게 창의성을 선사한 반면 세상의 어떤 측면과는 단절을 낳았다고 본다. 이건희의 이런 코쿤 기질이 '삼성의 코쿤화'를 낳은 게 아니냐고 얘기한다.[5]

박노자는 기업국가의 해체만이 우리 모두 살아남을 수 있는 길이며 기업본위의 사회를 인간 본위, 노동자 본위의 사회로 바꿔야 한다고 주장한다. 국가의 총력이 사기업의 이윤 창출에 동원되는 기업국가, 기업사회로서의 한국은 1997~1998년 이후 승승장구해 왔다. 기업국가의 가장 두드러진

2) 이택광. 「국민이 삼성이다」. 『굿바이 삼성』. 꾸리에. 2010. p.246.

3) 조일훈. 『이건희 개혁 20년 또 다른 도전』. 김영사. 2013. p.287.

4) 코쿤은 누에고치라는 뜻으로, 미국에서 '불확실한 사회에서 단절되어 보호받고 싶은 욕망을 해소하는 공간'이라는 뜻으로 사용되다가 집에 틀어박혀 지내는 누에고치 같은 사람이라는 의미로 쓰이는 말이다. (강준만 책에서 인용)

5) 강준만. 『이건희 시대』. 인물과 사상사. 2005. pp.59~67.

특징은 공공성의 부재이다. 기업국가에서는 공공기관이 챙겨 주어야 할 서로 평등한 민주시민은 없다. 그저 기업으로서 필요한 인간 부품이 있는가 하면 필요가 없어져 폐기 처분되는 폐품들이 있다.[6]

기업국가의 해체는 공공성의 회복에서 시작된다. 공공성이 일방적으로 기업을 배제하는 것은 아니다. 독점적 기업으로 하여금 사회의 룰을 지키도록 하고 사회와의 소통을 강제하는 역할을 할 수 있다.

이건희는 1996년 1월 신년사에서 다음과 같이 얘기했다.

"고기가 물을 떠나서 살 수 없듯이 기업도 사회를 떠나서는 존재할 수 없습니다. 사회에 대한 실질적 공헌과 봉사활동을 통하여 사회적 신뢰와 공감을 획득해 나감으로써 '좋은 기업', '사랑받는 기업' 이미지가 사회 곳곳에 뿌리내릴 수 있도록 해야 합니다."[7]

삼성도 이 사회를 떠나서는 존재할 수 없다는 사실을 알고 있는 듯하다. 사회공헌 활동에도 나름대로 기여를 했고 홍보에도 심혈을 기울였지만 신뢰와 공감은 그리 만족할 수준은 아닌 듯하다. 여론도 이미지도 '관리'만으로 해결할 수는 없는 노릇이다.

현재 의료민영화는 삼성으로 대표되는 한국의 대자본과 이들 기업을 대변하는 국가의 합작에 의해 추진되고 있다. 사회에서 가장 공공성이 강조되어야 하는 부분이 의료 분야임에도 불구하고 의료민영화를 추진하는 세력들

---

6) 박노자, 기업국가를 해체하라, 한겨레신문, 2014. 5. 13.

7) 조일훈, 『이건희 개혁 20년 또 다른 도전』, 김영사, 2013, p.284.

은 의료민영화가 국가의 미래 성장 동력이요 10~20년 후 우리의 미래를 책임질 신수종 사업이라고 주장한다.

의료민영화는 의료공공성의 파괴를 수반한다. 의료민영화 추진 세력은 의료 분야가 정확하게 시장의 논리에 따라 작동되기를 바라고 그렇게 되게 하기 위해 집요하게 움직인다.

시장의 논리가 도입되고 나아가 대자본의 독점이 완성되면 우리는 황폐화된 의료를 목격하게 될 것이다. 자본주의 사회에서 의료서비스도 상품으로 취급되므로 돈이라는 매개를 통해서 거래가 되겠지만, 그래도 시장에서 물건을 사듯 거래되지는 않는다. 왜냐하면 자본을 통제하는 장치들이 아직은 살아 있기 때문이다. 자본 통제 장치의 고리를 풀어 자본의 이윤을 극대화하려는 시도가 의료민영화이다.

공공병원의 확대

우리나라에서 의료서비스를 공급하는 병의원의 경우 공공 부문에서 소유하고 있는 공공병원은 현재 10%도 되지 않는다. 나머지는 민간 부문에서 담당한다. 일차의료는 보건소를 제외하고는 대부분 개인이 운영하고, 병원급도 민간에서 운영하는 곳이 절대적으로 많다. 현재는 의료기관을 민간에서 운영하더라도 법적으로는 비영리로 운영하도록 강제하는데 정부 지원이 없거나 제한적인 민간병원의 경우 상업적 방식의 의료행위에 집중할 수밖에 없다. 비영리를 강제하는 상황에서도 이럴진대 법적으로 영리병원이 허용되면 상업적 의료행위가 기승을 부릴 가능성이 농후하다. 의료기관에서 영리와 비영리의 구별은 외부 자본이 의료기관에 자본을 투자하여 이윤을 남길수 있느냐 없느냐의 문제로 나뉘는데, 영리병원을 허용한다는 것은 곧 주식회사 병원이 가능해진다는 의미이다. 이것은 자본을 투자한 주주의 최대 이익을 위해 병원은 모든 수단을 동원할 수 있다는 뜻이다.

영리병원을 허용해서는 안 되며 현재의 의료 공급체계의 공공성을 더 높여야 하는 과제가 있다. 공공 부문에서 소유하고 운영하는 공공병원을 대폭늘려야 하고 민간에서 운영하는 의료기관의 공공성도 강화해 의료기관이 상업화의 함정에 빠지지 않도록 해야 할 것이다.

공보험으로서의 국민건강보험 강화

보험이라는 제도는 건강할 때 보험료를 내고 아플 때 의료비를 받는 것으로 위험을 분산시키는 기능을 한다. 국가가 운영하는 공보험이 100% 의료비를 부담해 준다면 민간보험은 설 자리가 없다. 현재는 공보험의 보장성이아주 높지는 않아 공보험의 취약한 부분에 민간보험이 보충적으로 참여하고있으나, 공보험의 역할이 축소될수록 민간보험의 역할은 확대될 것이다. 만약 공보험이 해체된다면 그 공백을 민간보험이 채울 것이다. 공보험과 민간보험은 배타적 관계일 수밖에 없다. 삼성생명의 전략보고서는 궁극적으로공보험의 해체를 노리고 있다. 민간보험 확대의 최대 걸림돌인 공보험 해체야말로 최대 이윤으로 가는 열쇠이기 때문이다.

공보험의 강화는 의료민영화 저지의 첫 번째 과제이다. 현재 우리나라 의료 보장 체제에서는 건강보험 당연지정제를 유지하고 건강보험의 보장성을 높이는 것이 가장 중요하다. 보장성이 높아질수록 민간보험에 대한 국민들의 요구도가 낮아지고 이로 인한 부담도 줄어들게 된다. 민간보험이 필요 없을 정도로 완벽하게 국가가 의료를 보장해 준다면 민간보험회사들은 문을 닫게 되겠지만 국민에게는 최대 이익이 될 것이다.

개인 질병 정보 관리 감독 강화

삼성생명과 같은 민간보험회사들은 이런저런 이유를 들면서 집요하게 개인의 질병 정보를 공유하고자 한다. 민간보험회사들은 공보험 관리자인 국민건강보험공단과 건강보험심사평가원에 수집된 전 국민의 건강, 질병 정보를 이용하고 싶어 한다. 이를 잘 활용하면 이윤을 극대화하는 데 도움이 될 것이기 때문이다.

민간보험회사는 건강하고 재정 능력이 있는 젊은 계약자들을 원한다. 경제력이 있으면서 건강한 사람들은 아무래도 병원 이용률이 낮을 것이고 따라서 보험회사가 지급하는 보험금도 낮아질 것이다. 환자, 노인, 장애인과 같이 병원 이용률이 높은 사람은 재정 부담 능력이 떨어질 수밖에 없어 민간보험회사에서 반기는 고객은 아니다. 반면에 보험금을 지급해야 하는 경우도 최대한 지급을 거부할 수 있는 이유를 찾아내고 싶어 한다. 이게 보험회사들이 개인의 질병 정보를 얻고자 하는 이유이다.

민간보험회사들이 전 국민의 질병 정보를 손에 쥐는 순간 재앙이 시작될 가능성이 높아진다. 정말로 병원을 자주 이용해야 할 사람들은 민간보험회사에서 가입을 거부할 것이고 보험금 지급 시에도 지급 거부율이 높아질 것이다. 그리고 질병 정보의 공유는 민간보험회사의 역량을 강화시켜 결국 공보험을 위협하는 상황으로 몰릴 수도 있게 된다.

재벌의 헬스케어사업에 대한 감독 강화

진화하고 있는 IT 기술을 의료에 접목하여 국민의 건강 향상에 기여한다는 취지야 충분히 이해할 만하고 권장되어야 할 것이다. 그러나 기술발전이 무조건 질병 치료에 도움이 되는 건 아니다. 새로운 의학기술이 나왔을 때 이것이 이전의 기술보다 더 나은 것이냐 즉 새로운 기술의 치료에 따라 치료율이 높아진다거나 사망률이 감소한다거나 아니면 비용이 아주 절감되거나 환자 편의성이 획기적으로 증대되거나 하는 이점이 있어야 새로운 의학기술로 인정받을 수 있을 것이다.

대형병원이 무한경쟁에 돌입한 이 시점에서 한 대학 병원이 로봇 수술 치료기인 다빈치를 도입하여 대대적으로 홍보하자 이에 뒤질세라 다른 병원들도 도입하기 시작했다. 문제는 이 치료기기가 이전의 수술 방법에 비해 극히 제한적인 범위에서만 우월한 효과가 있었고 나머지는 더 낫다고 할 만한 근거가 약하다는 데 있었다. 그럼에도 불구하고 마치 이 방법이 최첨단의 기술로 아주 효과가 있는 듯이 포장되어 선전되었고 모르는 환자들은 병원이 권하는 대로 따라갈 수밖에 없는 게 현실이다. 다빈치의 시술 비용은 기존 수술법에 비해 3~4배 이상 되는 고가이다. 환자 입장에서는 효과가 불확실한 수술 방법에 대해 훨씬 더 많은 비용을 지불하는 셈이다. 이러한 점을 환자에게 명확히 고지하지 않고 로봇 수술을 시행하는 곳이 많다는 것도 문제이다. 비싼 로봇 수술은 병원 수익에 도움이 될 것이다. 그리고 수익 이전에 장비를 도입할 때 든 비용을 빨리 회수해야 하는 상황이므로 병원 경영자는 이에 관심을 가질 수밖에 없고 진료 의사들은 이런 분위기에 압박을 느낄 가능성이 높아진다. 신기술이라고 다 좋은 건 아닌 셈이다.

IT 기술의 발달로 원격의료와 관련한 기기들이 계속 개발되고 있다. 삼성에서는 스마트폰에서 심박을 측정할 수 있는 기기를 내놓았고, 좀 더 진화한 웨어러블 디바이스를 출시하기도 했다. 이런 디바이스를 통해 측정된 생체신호들은 사물인터넷을 통해 건강관리서비스 회사의 클라우딩 컴퓨터에 보내지고 여기에 모인 데이터들을 분석 평가하여 피드백 하는 과정이 하나의 시나리오이다. 이는 한 가지 예일 뿐이다. 환자와 의사 사이의 공간적 거리를 기계로 대체한다는 것인데 이런 방식을 첨단기술로 포장하고 마치 신세계가 열린 것처럼 과잉 홍보하는 것이 현실이다. 로봇 수술과 마찬가지로 의학적 이점이 증명되지도 않았을 뿐더러 이에 따르는 경제적 비용 부담 증가도 문제이다. 실제 정부가 주관한 시범사업에서도 효용성이 입증되지 않았다.

정부는 건강, 생명, 안전과 관련된 분야에서 신기술에 대한 관리를 엄격하게 해야 할 의무가 있다. 신기술이라고 철저한 검증 없이 실제 상황에 도입했다가 예기치 않은 안전 문제가 발생할 수도 있다. 기술을 개발한 기업의 이득보다도 환자의 안전이 더 중요하기 때문이다.

국민들의 건강 정책 결정 과정 참여 보장

의료민영화의 목적은 기업의 이윤 추구에 있는 것이지 건강과 안전에 대한 고려에서 진행되는 것이 결코 아니다. 기업이 얻게 될 이윤은 결국 국민들의 주머니에서 나오는데, 경제적 부담이 가중되면 병원 문턱이 높아져 의료 이용이 저하되고 의료 이용 포기자들도 늘어날 것이다. 의료민영화를 위한 무분별한 규제완화는 의료와 관련된 안전 조치들을 해체시켜, 이로 인한 안전사고의 발생 위험을 가중시킬 것이다.

의료민영화가 국민의 건강과 안전에 직접적인 영향을 미치는 만큼 국민들이 건강과 관련한 정책 결정 과정에 직접 참여할 수 있어야 한다. 기업국가에서 국가는 기업의 이익을 위해서라면 국민의 건강에 위협을 줄 수 있는 정책을 결정할 수도 있다. 이를 막을 수 있는 방법은 국민이 직접 기업과 국가를 감시하여 건강과 안전에 위협을 줄 수 있는 정책의 결정을 저지하는 것이다. 그리고 국민의 건강을 지키는 데 필요한 정책들이 집행될 수 있도록 운동을 벌이는 것이다.

스스로의 건강관리와 건강마을 만들기

건강은 거대한 병원 건물과 첨단 의료장비에서 나오는 게 아니다. 중증 질병에 걸려 첨단시설과 장비의 도움이 필요할 때도 있겠지만 그렇지 않은 경우가 훨씬 더 많다. 일상적인 자기 관리가 중요하고 이웃과 같이하는 건강

활동이 아주 큰 도움이 되기도 한다. 동네에 있는, 자신을 가장 잘 아는 주치의의 조언이 큰 도움이 될 수도 있다.

이웃과 더불어 건강한 마을, 안전한 마을을 만드는 게 중요하다. 마을이 건강하면 더불어 사는 개인들도 훨씬 더 건강해질 것이다. 마을 속에서 같이 생활하면서 건강한 생활을 만들어 나가면 몸도 마음도 건강해질 것이다. 이러한 공동체는 대기업이 운영하는 원격진료 건강서비스센터에서 절대 제공해 줄 수 없는 것이다.

'의료공공성운동'으로 의료민영화를 넘어야

우리는 '의료공공성운동'으로 의료민영화의 파고를 넘어야 한다. 그동안 긴 시간에 걸쳐 어렵게 만들어 온 국민건강보험을 대기업의 민간보험으로부터 지켜 내야 하며, 보장성을 더 높여 국민의 건강을 위한 파수꾼 역할을 할 수 있도록 해야 한다. 더 나아가 아파도 돈 걱정 안 해도 될 정도의 의료 보장을 국가가 책임지도록 요구해야 한다. 병원들의 공공성도 높여 과잉으로 진료 받는 일도 줄여야 할 것이다. 공공병원을 더 만들어야 하고 제 기능을 할 수 있도록 감시하는 일도 필요하다. 기존의 공공병원들도 자기혁신을 통해 칙칙하고 어두운 느낌에서 탈피하여 지역 주민으로부터 사랑과 신뢰를 얻을 수 있도록 노력해야 할 것이고 민간병원들도 수익을 앞세우기 이전에 본연의 공공적 기능에 충실할 수 있도록 격려해야 할 필요가 있다.

병원이나 의료진에 대한 지나친 의존에서 벗어나 자기 건강을 스스로 돌보기 위해 노력해야 하는데, 이웃과 같이 한다면 큰 도움이 될 것이다. 건강한 마을 공동체에서는 모두가 건강해질 것이다. 가까운 병의원에 자기 주치의를 두고 수시로 상담을 받을 수 있으면 도움이 될 것이다.

의료민영화를 막아 낼 수 있는 것은 국민들의 힘이다. 의료민영화를 막지 못하면 피해가 모든 국민에게 돌아간다. '의료공공성운동'을 통해 의료민영화의 물결을 막는 것이 우리의 건강과 안전을 지키는 일이다.